AS in a week

Florence Coulon
Abbey College Birmingham
Catrin Byrne

French

Where to find the information you need

SUCCESS OR YOUR MONEY BACK

Letts' market leading series AS in a Week gives you everything you need for exam success. We're so confident that they're the best revision books you can buy that if you don't make the grade we will give you your money back!

HERE'S HOW IT WORKS

Register the Letts AS in a Week guide you buy by writing to us within 28 days of purchase with the following information:

- Name
- Address
- Postcode
- Subject of AS in a Week book bought

Please include your till receipt

To make a **claim**, compare your results to the grades below. If any of your grades qualify for a refund, make a claim by writing to us within 28 days of getting your results, enclosing a copy of your original exam slip. If you do not register, you won't be able to make a claim after you receive your results.

CLAIM IF...

You are an AS (Advanced Subsidiary) student and do not get grade E or above.

You are a Scottish Higher level student and do not get a grade C or above.

This offer is not open to Scottish students taking SCE Higher Grade, or Intermediate qualifications.

Registration and claim address:

Letts Success or Your Money Back Offer, Letts Educational,
414 Chiswick High Road, London W4 5TF

TERMS AND CONDITIONS

1. Applies to the Letts AS in a Week series only
2. Registration of purchases must be received by Letts Educational within 28 days of the purchase date
3. Registration must be accompanied by a valid till receipt
4. All money back claims must be received by Letts Educational within 28 days of receiving exam results
5. All claims must be accompanied by a letter stating the claim and a copy of the relevant exam results slip
6. Claims will be invalid if they do not match with the original registered subjects
7. Letts Educational reserves the right to seek confirmation of the level of entry of the claimant
8. Responsibility cannot be accepted for lost, delayed or damaged applications, or applications received outside of the stated registration/claim timescales
9. Proof of posting will not be accepted as proof of delivery
10. Offer only available to AS students studying within the UK
11. SUCCESS OR YOUR MONEY BACK is promoted by Letts Educational, 414 Chiswick High Road, London W4 5TF
12. Registration indicates a complete acceptance of these rules
13. Illegible entries will be disqualified
14. In all matters, the decision of Letts Educational will be final and no correspondence will be entered into

Letts Educational Limited
The Chiswick Centre
414 Chiswick High Road
London W4 5TF
Tel: 0845 602 1937
Fax: 020 8742 8767
e-mail: mail@lettsed.co.uk
website: www.letts-successzone.com

Every effort has been made to trace copyright holders and obtain their permission for the use of copyright material. The authors and publishers will gladly receive information enabling them to rectify any error or omission in subsequent editions.

First published 2000
New edition 2004, 2006

10 9 8 7 6 5 4 3

Text © Florence Coulon 2000
Design and illustration © Letts Educational Ltd 2000

British Library Cataloguing in Publication Data
A CIP record for this book is available from the British Library.

ISBN 1 84315 584 2

Cover design by Purple, London

Prepared by *specialist* publishing services, Milton Keynes
Design and project management by Starfish DEPM, London.

Printed in the UK

Letts Educational Limited is a division of Granada Learning Limited, part of Granada plc.

Listening Skills/
The Present Tense

How much do you know?

Listening

1 Before you start listening to the CD, you should be thinking of managing your _____ .

2 You should also familiarise yourself with each _____ and not overuse the _____ .

3 First, try to understand the _____ of the listening extract.

4 Then, go back to the task you are dealing with and try to spot the _____ _____.

5 Now listen again and concentrate on the key _____.

6 By now, you should have jotted down some important points. You should then _____ them and finally _____the test.

7 At the end, it is always a good idea to _____ for the last time and, of course, _____ your work.

Grammar

8 What are the three verb endings you should consider in French for the use of regular verbs?

9 Are the following verbs regular or irregular: avancer, manger, se lever?

10 What is the best learning approach with irregular verbs?

Answers

1 time **2** task, dictionary **3** gist **4** key points **5** details **6** select, do **7** listen, check **8** er/ir/re
9 regular **10** memorise them

If you got them all right, skip to page 7

3

Spend no more than **15 mins** on this topic

Listening Skills/The Present Tense

Learn the key facts

Listening skills

In order to understand a listening extract, you must pay aural attention. The process is the same for all languages. Naturally, it is easier when you listen to an extract in your own language, but you still have to pay a minimum of attention.

However, when you listen to a piece of information in a foreign language, and if you have not yet reached the linguistic standard of a native speaker, you need to concentrate more. Indeed, you must have noticed that, since GCSE, listening extracts have been mainly recorded by native speakers. This means that, very often, you might be discouraged by the speed of the speaker. Don't panic – it is just a question of practice. At A Level, you must listen to authentic materials such as radio extracts as regularly as you can. Do not try to understand every single word. This is impossible to achieve, even in your own language.

You should sit down and concentrate but relax – try to close your eyes. It does work!

Eventually, you will be able to understand without concentrating too much.

For tests, listen without taking notes, just to have an idea of the topics that are being dealt with. If you are lucky enough to have the control of the tape recorder, listen twice, then you can start building up your listening work and answering. It is a step-by-step process and time management will be a key factor in your success.

Do not try to understand every single word

1 Time management Before you start your test, you should already be aware of the number of listening extracts that you will be hearing. If there is a particular task you are not keen on (e.g. summary in English), then make sure that you give extra time to this work. However, it is advisable to spend roughly equal lengths of time for each extract. If you are allowed one hour for five extracts, spend around ten minutes on each of them (remember to leave five minutes to understand each test and five minutes at the end to check your answers)

2 Tasks Do not start listening to the tape before familiarising yourself with each task. You must take this into consideration in your time management. For each task, you should read and understand the questions and/or statements involved, especially if they are written in French. This is the time when your knowledge of vocabulary and your understanding of grammar will come to the forefront. Remember, even if you are allowed the use of a dictionary, you can waste precious minutes looking up a word which may not be relevant. Spot the key words and use the dictionary only if you are desperate and only if you know that the meaning of the researched word is crucial.

Spend equal time on each task

Do not overuse the dictionary

DAY 1 2 3 4 5 6 7

4

3 Listening You should not try to listen and answer the tests straight away. First, you need to have the gist of the extract. The best way to understand the issues raised is to sit down, listen (once or twice) and concentrate – forget about anything else.

In the second stage of the listening, start jotting down roughly the key points/ideas.

> Jot down the key points/ideas in French in order to avoid translating later on

4 Tasks Now refer back to your task for a few minutes in order to refresh your memory. Ask yourself the following questions:

- Are there any particular areas I need to concentrate on?

- Are there any key details I need to obtain from the listening extract?

This is going to be your next step.

> The answers will be in order of the listening extract

> Try to predict the answers and be logical

5 Listening This is the second part of the listening process, when you need to gather important details. You must find the right balance and be certain of obtaining the necessary pieces of information. You might hear an extract with numerous details, but you will need only some of them. You must select them. The best approach is to write as many details as you can and choose the correct ones later on after referring back to your questions/statements.

> Check the number of marks, which should be given next to each question, as a guide to your answers

6 Tasks From this time, you should be working only with your notes and the task.

Do the test!

> Do not add any unnecessary 'made up' details

7 Remember, it is very important to check your work. Listen to the extract for the last time and check the test again with your answers. Now you should leave this task, go to the next one and follow exactly the same steps.

> Although the grammar and spelling are important, remember that you will be assessed on comprehension of the language, not on accuracy. However, make sure that your answers are not ambiguous

Grammar: the present tense

8 Regular verbs You should consider the infinitive of the studied verb and the three categories of verbs.

Verbs ending in *er*: drop *er* and add *e, es, e, ons, ez, ent*.

Example: *je parle, tu parles, il parle, nous parlons, vous parlez, ils parlent.*

Verbs ending in *ir*: drop *ir* and add *is, is, it, issons, issez, issent*.

Example: *je finis, tu finis, il finit, nous finissons, vous finissez, ils finissent.*

Verbs ending in *re*: drop the *re* and add *s, s, nothing, ons, ez, ent*.

Example: *j'attends, tu attends, il attend, nous attendons, vous attendez, ils attendent.*

DAY

1

2

3

4

5

6

7

9 Irregularities

There are some irregularities in the formation of verbs in the present tense. This does not mean that these verbs are irregular. With verbs presenting irregularities, rules still have to be learnt: the stem will change but the endings will remain the same. However, with irregular verbs there are no particular rules – you must memorise them.

Spelling changes

- Verbs ending in *cer*: before *o* or *a*, the *c* changes to *ç*.
  Example: *avancer, nous avançons.*

- Verbs ending in *ger*: before *o* or *a*, you need to add an *e*.
  Example: *manger, nous mangeons.*

- Verbs in *é*: except for *nous* and *vous*, *é* becomes *è*.
  Example: *compléter, je complète.*

- Verbs with *e*: except for *nous* and *vous*, *e* becomes *è* or the consonant is doubled.
  Example: *lever, je lève*
  　　　　　jeter, je jette.

- Verbs with *oyer*, *uyer* or *ayer*: except for *nous* and *vous*, the *y* becomes *i*.
  Example: *nettoyer, je nettoie.*

10 Irregular verbs There are no secrets! Because of the large number of irregular verbs in the present tense, you must learn them by heart. Many of these verbs are used widely in the French language.

Have you improved?

Listening skills

Ecoutez l'extrait numéro 1 du CD et décidez si les déclarations suivantes sont vraies ou fausses.

'Le procés des parents'

1 Les politiciens ont ouvert un débat sur la façon d'éduquer les enfants.

2 Les familles seront obligées d'aller chercher leurs enfants à l'école.

3 Le but est de forcer les familles à s'occuper de leurs enfants.

4 La jeune génération est de moins en moins respectueuse envers leurs parents.

5 Les jeunes enfants de 11 ou 12 ans ne craignent rien.

6 Ils se révoltent seulement contre leur père.

7 Le Ministère a essayé ces trois dernières années de rendre les parents plus responsables.

8 Pierre Cardo a eu l'idée d'enlever les allocations familiales à certains parents.

9 Certains enfants disent que leurs parents ne savent rien faire.

10 Le Directeur de 'l'école des parents' pense que le métier de parents ne s'apprend pas.

Grammar: the present tense

Remplissez les blancs suivants avec la forme correcte du verbe.

1 Le mariage en France n'est plus aussi populaire. Maintenant les gens _____ de se marier. (éviter)

2 Beaucoup de jeunes _____ en concubinage pendant des années. (vivre)

3 La jeune génération est plus consciente de l'avenir et _____ leurs études plus tard. (finir)

4 Malgré la pression des parents pour que leurs enfants étudient, ils _____ (sortir) entre amis et _____ en vacances sans eux. (partir)

5 Maintenant, une jeune personne de 16 ans _____ (pouvoir) conduire mais un adulte _____(devoir) l'accompagner.

6 Pour chaque génération, nous _____ (changer) et nous _____ (avancer) dans l'avenir.

7 Je ne _____ (jeter) pas l'argent par les fenêtres et j'_____(espérer) que mon fils suivra mon conseil.

8 Tu _____ (envoyer) une lettre à tes parents aujourd'hui.

9 Nous _____ (essayer) d'avoir un bon rapport.

10 Nous _____ (faire) beaucoup de sport en famille et mes enfants particulièrement _____ (courir) le week-end.

How much do you know?

DAY

1 What should you be doing all through your studies in order to improve your reading skills?

2 How should you start your reading question?
   a) read the article and do the test per section
   b) read the whole article

3 In the next stage, what should you try to 'see' in a text?
   a) the details
   b) the plan

4 What are the three language features (as in essay writing) you should particularly be aware of when you read the extract?

5 _____ management is also important.

6 Remember that you also need to spend some time on the _____.

Grammar: the perfect tense

7 How do you form the perfect tense?

8 When forming the perfect tense, what other grammatical rule do you need to consider?

9 When do you use the perfect tense?

Answers

9 past actions with a start and an end
7 auxiliary and past participle **8** the agreement of past participles
1 read authentic material **2** b **3** b **4** introduction, paragraph, conclusion **5** time **6** tasks

If you got them all right, skip to page 12

Learn the key facts

Reading skills

1 Reading is an important part of your learning of a foreign language. It does not only help to build up your vocabulary, it also strengthens your understanding of grammar and broadens your knowledge of different topics, particularly of current affairs. At AS level, reading should be an integral part of your studies and you should try to read authentic materials such as newspapers (e.g. *Le Monde*) and magazines (e.g. *Le Nouvel Observateur*).

Read one article a day, write down new words or expressions and keep a reference. It could be useful when you come to write your coursework.

2 Whatever the question paper is (verbal or non-verbal responses or summary in French), you should never attempt to rush and answer the questions straight away, after reading the first paragraph only for example. You may realise when you read the next paragraph that a different but related opinion is mentioned. You should read the text all the way through once or even twice to get the gist of it.

> Read as many authentic articles as you can

3 After understanding what issues or topics are raised in the article, you could make an attempt to divide it into sections. You should find an introduction, several paragraphs and a conclusion. Once you have reached this stage, select the key points and give a provisional title to each paragraph. This is particularly useful when you have to write a summary in French.

> Read the text as a whole – get the gist

4 Now concentrate on each section (introduction, paragraphs, conclusion) and underline any words you do not understand. Again, it is very tempting to check a lot of words but be especially aware of:

- verbs
- names (with capital letters)
- expressions and idioms.

If a verb is not in the infinitive, you will not find it in the dictionary. You need to familiarise yourself with infinitives.
Example: *je pourrai* – infinitive: *pouvoir*.
You should also recognise the tense. It can change the whole meaning of a point.

> Check if there are any headlines or titles: they give vital information

You need to grasp the key word or words of the expressions and idioms in order to find them in the dictionary. You should find a list of different expressions and idioms under the key word.
Example: *je vais aller boire un pot – pot* is the key word; the meaning is 'to have a drink'.

> Be aware of verbs, idioms and names

Don't waste time by looking up names in a dictionary – you won't find them. You can tell if a noun is a name as names begin with a capital letter.
Example: *Montmartre*.

At this stage, you should have a good understanding of the text.

5 Time management It is crucial to spend enough time on the article in order to understand it, but if you have more than one article to look at, you are strongly advised to consider the way you manage your time. You should spend equal time on each extract, unless you find one easier than the other. The danger is spending too much time on one article. Remember that you also have to answer the test.

6 Tasks When questions or answers are in English, you will have to translate.

* Questions in French: you must understand the questions perfectly (one single word can change the whole meaning).

* Summary in French: make sure you check your spelling and the structure of your summary.

* Filling in gaps and matching sentences: check the position and grammar of the surrounding words.

Do not spend too much time on one article

Check the number of marks given next to each question

The questions are usually in the same order as the text

Do not leave blanks

Use your common sense and be logical

Grammar: the perfect tense

7 The formation of the perfect tense is one of the easiest to apply in the French language, but you must learn the rules (irregular verbs plus irregular past participles).

Each verb has an auxiliary and a past participle.

- Auxiliary: *être* or *avoir*.

- Past participles: verbs ending in *er* have the ending *é.*
      Example: *parler* becomes *parlé.*
   Verbs ending in *ir* have the ending *i.*
      Example: *finir* becomes *fini.*
   Verbs ending in *re* have the ending *u.*
      Example: *descendre* becomes *descendu.*

How will you know if a verb is formed with auxiliary *être* or *avoir*?

- Memorise the list of verbs that have *être* as an auxiliary as it is the shortest list.

- These verbs are verbs of motion.

- Be careful: all reflexive verbs (e.g. *se lever*) take *être*.   *je me suis levé*

For example, you want to use verb *connaitre* in the present tense.
a) Is it in the short list mentioned above? Answer: no.
b) Is it a reflexive verb? Answer: no.
Therefore *connaitre* is formed with *avoir*.

Remember, your second thought should be to check the past participle (*connu*).

8 Agreement in the perfect tense

- If the auxiliary is *être,* the past participle agrees with the subject.
   Example: *elle est partie* (*elle* is feminine, so add an *e*).

- If the auxiliary is *avoir,* the past participle does not agree with the subject unless the object is placed before the auxiliary.
   Example: *je l'ai vue* (*l'* refers to *la fille*) or *la fille que j'ai vue.*

9 When to use the perfect tense

- When the action is in the past, at a specific time (we know when the action started and finished).
   Example: *elle est arrivée à deux heures.*

- With a successive number of actions.
   Example: *il est venu, il nous a parlés et il est reparti.*

- When translating *have* plus verb ending in *ed*.
   Example: *You have finished.*

Have you improved?

Reading skills

Lisez le texte suivant et remplacez les blancs (dans le résumé du texte) avec les mots ci-dessous.

> **Parlons sucre, parlons vrai! Le sucre: l'évidence de la nature**
> *Selon une enquête du CREDOC*, le consommateur manifeste une grande inquiétude sur la naturalité des aliments et un besoin de sécurité très net. Le nouveau credo des Français: manger frais, varié et naturel. Ils recherchent en priorité et par ordre d'importance, la qualité, la santé et le plaisir. Il ne tient qu'à nous de manger sainement. Du bon pain, du vrai lait, du vrai sel, de l'huile vierge, du vrai sucre! Tous ces aliments de base sont fondamentaux, incontournables pour notre développement, notre équilibre, le plaisir de tous nos sens. En un mot, pour notre qualité de vie. Mangeons bien pour vivre bien! Le sucre, par exemple, est depuis toujours une référence unique et universelle, depuis la nuit des temps et dans toutes les civilisations.*
> *Nous avons du sucre et de sa pureté. C'est un trèsor de la nature qu'il faut plus que jamais savoir apprécier et, sans lui, nous perdrions un peu de notre patrimoine, de nos racines, un peu de cette culture que le monde nous envie.*
> *Rien ne remplace l'original.*
> *Le sucre a le goût de la tendresse. Il évoque des souvenirs de goûters, de fêtes, d'anniversaires ... et de rires, autour de pâtisseries-maison concoctées avec amour. Et puis le sucre, on a rien inventé de mieux pour sucrer. Essayez de faire sans lui de vraies confitures de grand-mère. Il est irremplaçable.*
> *Manger vrai: un véritable art de vivre.*
> *A l'ère de la 'mal bouffe', à l'heure de 'la vache folle', comment s'y retrouver?*
> *Apprenez à reconnaitre le bon produit. Celui qui d'un coup d'oeil, au parfum, au toucher, respire l'authenticité. Bien manger, c'est d'abord bien acheter. Manger varié et équilibré. C'est bon pour la santé, idéal pour le moral. Mangez juste. Tout est permis si vous mangez de tout modérément. Vous éviterez ainsi toutes les frustrations et mauvaises tentations. Privilégier la qualité plutôt que la quantité. C'est aujourd'hui un choix de vie qui engage dès maintenant votre avenir et celui de vos enfants.*
>
> Source: Le Point, 21 juin 1997

*Etude sur les comportements alimentaires des Français menée auprés de 1600 ménages par le Centre de Recherche pour l'Etude et l'Observation des Conditions de Vie entre 1988 et 1995.

Les Français sont très conscients de ce qu'ils _____ (1). Ils aiment manger _____ (2) mais aussi pour le _____ (3). Les produits de _____ (4) comme le sucre ou le _____ (5) sont très _____ (6). On ne devrait pas les _____ (7). Le sucre par exemple, a toujours été reconnu comme un _____ (8). Il représente aussi notre _____ (9). Il est impératif de le _____ (10). Dans la _____ (11), il est impossible de _____ (12) de ce produit. Il _____ (13) les moments joyeux du passé, comme les anniversaires. Comment peut-on _____ (14) le sucre avec d'autres nourritures qui n'ont pas de _____ (15)? Il n'existe rien de _____ (16) que le sucre! Peut-être que cet élément est _____ (17) pour le poids mais il vaut mieux en consommer en petites _____ (18) que de s'en _____ (19) totalement. C'est la _____ (20) qui compte!

a) plaisir	f) goût	k) négliger	p) mangent
b) mieux	g) qualité	l) importants	q) sainement
c) rappelle	h) bienfait	m) pain	r) quantités
d) mauvais	i) culture	n) se passer	s) base
e) remplacer	j) priver	o) cuisine	t) consommer

Grammar: the perfect tense

En utilisant les verbes suivants, écrivez ce que vous avez fait le week-end dernier. Attention: utilisez le même verbe une seule fois!

aller
manger
partir
tomber
se promener
entrer
se lever
jouer
attendre
finir

10 mins

Time Yourself

Summary skills

1 Do you think that you have used your summary skills in the previous chapter?

2 Name three features which should be incorporated in a summary:

  a) the g_____

  b) the m_____ p_____

  c) i_____ d_____

3 The key points will form the s_____ of your summary.

4 Is the following statement true or false? 'Details are not important.'

5 When you start writing your summary, you should take into account the a_____ of the language, even if your summary is written in E_____. You should also be very c_____.

6 Is punctuation important in a summary?

Grammar: the imperfect tense

7 What other grammatical tense do you need to consider in order to form the imperfect tense correctly?

8 What is the main irregular verb in the imperfect?

9 Should the past actions be specific or non-specific when using the imperfect?

Answers

1 yes **2** gist, main points, important details **3** structure **4** false **5** accuracy, English, concise **6** yes **7** present tense **8** être **9** non-specific

If you got them all right, skip to page 17

Summary Skills: English Summary, French summary/The Imperfect Tense

Spend no more than
20 mins
on this topic

Learn the key facts

Summary skills

1 Previously in the listening and reading sections, you had to select the key points in order to understand the main issues involved and in order to answer the question paper effectively. In this chapter, you will find out more on how to write a summary. In your examination you will have to deal with either a summary in French (written from a reading extract in French) or a summary in English (written from a listening extract in French). In both cases, there are a number of main points to consider. The principle is the same for both languages.

So what is a summary? Basically, it is a shorter version of the original text.

2 A summary should contain the gist of the extract, its main points and any relevant details. Study the following pattern:

- the gist – introduction
    Example: *il s'agit de…, c'est au sujet de…*
- the main points – content/paragraphs
- important details – in each paragraph

3 Content The main points will form the structure of your summary. It is important to cover the content as you can lose marks if you don't. Each point should be covered by a short paragraph.

4 Details should be included in each paragraph. Do not add any irrelevant details or details which do not appear in the extract. In other words, avoid making up superficial details as you will not gain any extra marks for them – in fact, you will end up with a summary which is too long.

5 Writing your summary There are two areas that you need to keep in mind when you are about to write your summary: organisation and accuracy.

We have just covered how to organise your summary. The next thing to deal with is the language and its accuracy.

- If the summary is to be written in English, do not think that you can neglect the quality of the English language. You will actually be assessed on your English grammar and punctuation! As far as the use of vocabulary is concerned, you do not have to bother with synonyms. You need to transfer the meaning of the French extract directly into English. Therefore, you can translate individual words.
- If the summary is to be written in French, you must avoid repeating words that are in the extract unless it is impossible to do otherwise (e.g. a name). Instead, you should try to find synonyms (a monolingual dictionary is useful).

Your summary should be well-organised and accurate – and remember that it is a summary so it should also be brief!

> *Write each point in the same order in which it appears in the text – your summary will be well presented!*

> *You will not gain extra marks by making up details*

6 What sort of vocabulary should you use?

- Use precise and specific words with well-structured sentences (subject–verb–object).
  > Example: *L'article parle de la pollution.*
- Use link words.
  > Example: *par conséquent…, cependant…, néanmoins….*
- Avoid repetition of words and sentences.
- Avoid rambling – you may miss some vital information and produce longer sentences.
- Check grammar (tenses, prepositions, gender).
- Check punctuation (especially commas and full stops).

Finally, imagine that your summary is read by someone who is totally unaware of the content of the original text. This person should be able to understand all the issues in the text, just by reading your summary.

Grammar: the imperfect tense

7 The formation of the imperfect tense
Use the first person plural of the present tense: *nous*.
> Example: *nous finissons.*

Drop the *ons* and add the following endings: *ais, ais, ait, ions, iez, aient.*
> Example: *je finissais, tu finissais, il finissait, nous finissions, vous finissiez, ils finissaient.*

8 The exception is the verb *être.*

j'étais, tu étais, il était, nous étions, vous étiez, ils étaient.

9 When to use the imperfect tense
- For actions in the past which are not specific in time (we do not know when exactly the action started and when it finished).
  > Example: *il lisait un journal.*
- For habitual actions in the past. Translating 'I used to' (the action is now over).
  > Example: *quand j'étais jeune, je faisais du tennis.*
- For a state of mind.
  > Example: *elle était très triste.*
- For descriptions.
  > Example: *la mer était magnifique.*
- For something you were doing when something else happened at the same time.
  > Example: *je regardais la télévision quand le téléphone a sonné.* (In this case the second verb is in the perfect tense.)

Be accurate and organised!

Get hold of a monolingual dictionary!

Make your summary more proficient: use link words, question marks, exclamation marks, inverted commas

DAY

1

2

3

4

5

6

7

Have you improved?

Summary skills

1 'La bataille de quartier'

Listen to extract number 2 on the CD.

This is an interview with French people about a drop-in centre for drug addicts. Summarise the interview in 90–110 words in English, addressing the points below.

The centre:
* the reasons for the opening of the centre;
* its staff;
* its users.

The neighbours:
* their opinion of the centre;
* their behaviour.

Grammar: the imperfect tense

2 Remplissez les blancs avec la forme correcte du verbe.

a) A cette époque, il _____ (faire) très chaud à Paris.

b) Quand j'étais jeune, je _____ (prendre) des cours de musique.

c) Le sentier _____ (descendre) vers la rivière.

d) Dans le temps, ils m'_____ (écrire) beaucoup.

e) Il ya 10 ans, je ne _____ (finir) pas mon travail avant huit heures.

f) Nous _____ (être) tous apeurés par le chien.

g) Elle _____ (venir) de partir quand je suis arrivé.

h) Vous _____ (boire) énormément quand vous _____ (habiter) à Paris.

i) Ils _____ (aller) en ville toujours ensemble.

15 mins

Time Yourself

Writing Skills: Writing a Letter/ Future and Conditional Tenses

DAY

2

How much do you know?

Writing skills

1 Before you start writing, you should carefully study the _____ of the stimulus.

2 After reading the stimulus, you should read the i_____ given as you will need to refer to them when you are doing the piece of writing.

3 When you start writing, you are advised to keep in mind three important features:
   a) c_____ and p_____;
   b) l_____ and s_____;
   c) a_____ and l_____ .

4 What other element, more based on your own experience, should your written work have?

Grammar: future and conditional tenses

5 a) What do the future and the conditional tenses have in common?
   b) How is the near future formed?

6 Is the future tense in French always used similarly in English?

7 a) In what circumstances should you use the conditional tense?
   b) Which word is very often linked with the conditional tense?
   c) Which other tense tends to precede or follow the conditional tense in a sentence?

Answers

1 content 2 instructions 3 a) communication, presentation b) lexis, structures c) accuracy, language
4 personal opinion 5 a) they keep their infinitive b) aller in the present tense + main verb in the infinitive 6 no 7 a) when there is a condition b) si c) the imperfect tense

If you got them all right, skip to page 22

18

Writing Skills: Writing a Letter/ Future and Conditional Tenses

Learn the key facts

Writing skills

Writing always seems to appear as a daunting task for students learning a foreign language. In fact, there is no need to be apprehensive as one must remember that, unlike with speaking or listening, there is no pressure to give an immediate response. If in doubt, you can correct your work. So your first thought should be: there is no reason to panic – I am going to use the time to which I am entitled and use it effectively!

Furthermore, at AS Level, you are not required to produce long pieces of written work. The type of written task required varies depending on the examining board. It could be a letter, a report, a fax or an article. The length of the piece should not exceed 160 words.

The stimulus

1 You will normally write after reading or listening to a stimulus in French. So, inevitably, you will have to use one of these skills (refer to the chapters on reading skills and listening skills). Make sure that you have understood the content of the stimulus by summarising the different issues (refer to the chapter on summary skills).

In some cases the reading stimulus can contain up to 300 words. However, it is not advisable to spend too much time on the stimulus. As long as you have grasped the content and any relevant details, you should concentrate on the main thing being assessed – the writing. But keep in mind that you will also be marked on your comprehension and your ability to communicate information.

> *Speaking is certainly more daunting than writing*

2 The instructions are very important and you should not neglect them. They can also give you vital clues on the content of the stimulus and guide you in the planning of your writing.

Writing

3 In your response to the stimulus, the quality of the French language will be assessed, as well as your communication skills.

Your communication must be as clear and precise as possible, using a register suited to the task and its content.

> *The instructions are a guide to your written work*

Consider the following points:

a) Who should the written work be addressed to?

- A fax: what person?
- A report: a company?
- An article: readers of a newspaper?
- A person: formal or informal?

b) What should the introduction contain?

- It should be brief (two or three lines).
- It should based on the main gist of the stimulus.

Vocabulary and structure You will reinforce your communicative skills if you select a wide and appropriate range of vocabulary and use well structured sentences. Build up your learning of vocabulary and idioms as early as possible.

Consider the following steps:

DO	DO NOT
Learn one or two synonyms when you learn a new word.	Repeat the same word or phrase too often.
In order to avoid repetition: use synonyms; change the order of words and/or the function in a sentence. Example: le chômage est important en France or: l'importance du nombre de chômeurs en France…	Use set phrases at random or just because they 'look nice'. They should be appropriate to the content.
Learn some set phrases for each topic.	

Accuracy This is the time when you need to concentrate on your knowledge of French grammar and when you have to apply it correctly.

You should:

- know various tenses including the subjunctive and past participles;
- be familiar with direct and indirect speech (in order to report facts and/or opinions);
- make use of direct and indirect pronouns (le, la, les, lui, leur, y, en) in order to avoid repeating the same noun.

You must link your sentences intelligently using adverbs such as d'abord, puis, en plus, premièrement, enfin, finalement.

4 Personal opinion: as part of the written task, you will have to include your opinion. You can give your personal opinion at any stage of your work (and certainly at the end) but you should support your arguments and statements with evidence whenever possible.

Avoid a repetitive use of je. Instead, choose phrases such as d'aprés moi or à mon avis or use impersonal verbs, for example il est nécessaire de…, on devrait…

The use of the conditional tense can also be rewarding.

Make good use of your knowledge of vocabulary/ grammar

Avoid repetitions

Avoid 'je'

Use impersonal verbs to give your opinion

Do not forget the conditional tense: it is a widely used in French!

Writing Skills: Writing a Letter/ Future and Conditional Tenses

Grammar: future and conditional tenses

5 The future and the conditional tenses are the easiest tenses in French grammar to form. In their formation, the infinitive is preserved and the following endings must be added:

future tense:

ai, as, a, ons, ez, ont

Example: *parler*

je parlerai, tu parleras, il parlera, nous parlerons, vous parlerez, ils parleront

conditional tense:

ais, ais, ait, ions, iez, aient

Example: *finir*

je finirais, tu finirais, il finirait, nous finirions, vous finiriez, ils finiraient

For the first singular person (*je*), the sound is similar in both tenses.

Be careful – for verbs ending in *re* you must drop the *e* before adding the above endings.

Check the verb table for irregular verbs, e.g. *aller*: *j'irai, j'irais.*

The near future is an easy tense to remember and it is very useful if you want to avoid the future tense. However you must know the verb *aller* in the present tense and be familiar with infinitives.

The formation of the near future is *aller* plus the infinitive of the main verb.

Example: *je vais partir en vacances dans deux semaines.*

6 When to use the future tense

You use the future tense to refer to events in the future, of course! But it is not as simple as that. In some cases the French use the future tense when the English use the present tense. For example, *quand, lorsque, dès que* and *aussitôt que* take the future tense in French but the present tense in English.

Example: *Quand tu partiras, je serai triste.*

'When you leave, I shall be sad.'

7 When to use the conditional tense

In the conditional tense, the facts or actions have not occurred yet. They may happen eventually, depending on certain circumstances.

It is usually used with *si* and is preceded by the imperfect tense.

Example: *Si je gagnais* (imperfect) *au loto, je m'achèterais une maison.*

'I would buy a house (only) if I won the lottery (but I have not won yet).'

Have you improved?

Writing skills

> ### Des pistes pour changer l'école
>
> *Dans son livre 'Prof', Sylvain Bonnet entend témoigner de ce que tous les profs se racontent entre eux, un peu partout en France, et pas seulement dans les banlieues défavorisées, mais qui n'apparait dans aucun discours officiel. Loin des grandes controverses sur la réforme du système scolaire, ce professeur de collège, a choisi non seulement de décrire son expérience quotidienne à Caen, mais également de proposer ses solutions, alors que, 'selon les statistiques, un élève sur quatre, à l'entrée en sixième, se trouve en situation d'échec'.*
>
> *Sylvain Bonnet raconte ses élèves et leurs maux. Avec lucidité, ce prof montre comment l'Education Nationale, mais également toute la société, est responsable de la dérive du système scolaire. L'école est pour lui une mère abusive qui tente d'emmener ses enfants au lycée et 'qui manque d'imagination'. Les parents sont des courants d'air qui ne prennent plus le temps de raconter à leurs progénitures des histoires – une étape pourtant décisive pour l'apprentissage de la lecture.*
>
> *Mais avant tout, Sylvain Bonnet veut donner des pistes pour changer l'école. Les remèdes qu'il présente ne sont pas révolutionnaires: la revalorisation de la reussite, la réhabilitation des sanctions, la diversitification des orientations.*
>
> *Pourtant leur mise en oeuvre n'est pas à l'ordre du jour. L'idée semble peu réaliste, vue la lourdeur de l'Education.*
>
> *Le Point, 27 septembre 1997*

Répondez à Sylvain Bonnet et donnez votre opinion de professeur sur les changements qui devraient être effectués dans l'éducation en France (entre 140 et 160 mots).

Votre lettre devra contenir:
*   le niveau académique des élèves qui entrent en 6ème;
*   les problèmes pour ces élèves;
*   les personnes qui sont responsables de ces problèmes;
*   les changements qui devraient être faits d'aprés vous;
*   ce que vous pensez du système éducatif français.

Grammar: future and conditional tenses

Décidez si vous devez utiliser le futur ou le conditionnel.

1 Si je le pouvais, je _____ (partir) demain.

2 Nous _____ (partir) en vacances demain.

3 Je _____ (descendre) de l'autobus dans une heure environ.

4 J'_____ (aimer) manger au restaurant mais je n'ai pas assez d'argent.

5 Vous _____ (aimer) venir me rendre visite si vous le pouviez.

6 Tu _____ (finir) ton travail à l'heure, cependant tu dois partir.

7 Tu _____ (s'arrêter) d'étudier quand tu pourras.

8 Ils _____ (venir) quand ils pourront.

9 Ils _____ (venir) s'ils ne devaient pas s'occuper de leurs enfants.

10 Ah! Si seulement j'étais riche, je ne _____ (vivre) pas ici.

> Translate the sentences before you fill in the gaps

> Check if there are any irregular verbs

DAY

2

How much do you know?

Translating

1 Even though you only have one part of a text to translate, you should read the whole extract. Why?

2 Translate each _____ at a time.

3 You should always check verb _____.

4 Is literal translation a good idea?

5 Once you have covered the whole translation in English, you should make sure that it _____ _____ in English!

Grammar: the present participle

6 Describe the present participle ending.

7 What is the equivalent of the present participle in English?

8 Do we necessarily use a present participle in French when one is used in English?

Answers

1 to be familiar with the context 2 sentence 3 tenses 4 no 5 makes sense 6 There is one single ending: *ant.* 7 verbs ending in 'ing', preceded by 'on', 'by or while' 8 no

If you got them all right, skip to page 28

Translating: French into English/ The Present Participle

Learn the key facts

Translating

Certain examining boards have introduced a short translation as part of the examination. It is usually a translation into English of a memo or letter written in French, which means that, as a first step, you will be required to study an extract in French before translating it into English. You will be assessed on the quality of your English, of course, (refer to the first chapter of this book) and your translating skills.

You will usually be acting as a third party and will transmit a maximum of information to a person who does not understand any French. This person will totally rely on your linguistic skills to be able to deal with the foreign extract.

1 Get to know the entire text. Remember that you will translate one or two sections only, but in order to give the most effective translation you must be aware of the context in which you will be working. It does not mean that you should be translating the whole extract. Do not be tempted to do this – you will only be wasting valuable time!

Get a feel for the text – read it several times before translating in order to obtain the gist of it.

> Be aware of the context!

2 Do not rush your translation. Look at the key words, translate them and ask yourself the question, 'Does this make sense in English?'

Do not attempt to translate expressions and idioms literally (word for word). Most of the time, they mean nothing in English. You will certainly have to find a similar expression or idiom in English.

Example: *donner un coup de pouce à quelqu'un* – the English equivalent is 'to pull a few strings for somebody'. What does the French expression mean literally? *Donner* means 'to give', *un coup* means 'a kick', 'a knock', or 'a blow', *de pouce* means 'of a thumb'.

Now if we tried to make a sentence with these three words, it would not make sense and it would certainly not give the exact meaning in English. It would actually sound negative in English when it is supposed to be a positive action.

Translate one sentence at a time.

3 Check the verb tenses: what tenses does the text contain? Are you going to use the same tenses in English? Most of the time you will but sometimes the answer is no.

> Do not translate word by word!

A verb in the future tense in French can end up in the present tense in English (e.g. *Je te rendrai visite quand tu ne seras plus malade*. 'I shall visit you when you are no longer ill').

Translating is like peeling an apple: it should be done gradually, step by step, to obtain the best result.

4 Translating sentences

Now you should start translating sentence by sentence. Although literal translation is dangerous, you still need to do it only as a trial. After completing one sentence, strengthen your translation through the following steps:

a) Read out the translated sentence: Does it make sense in English? Often it will sound awkward.

b) For a short time, forget the French version and concentrate on the English one.

You may have to:

- change the order of the words;
- use a more appropriate word in English, equivalent to the French word in overall meaning, but not as a literal translation any longer.

You should follow the same process for each sentence

5 The English version

Once the translation is completed, you must imagine that you are the person who needs the translation and who totally relies on the linguistic expertise of the translator. Try to forget the French version and read out the entire extract in English. It has to make sense!

Of course, during the exam you do not have the chance to check with a non-French speaker, but when you are doing translations at home, choose a guinea pig and test if he or she understands your work in English.

Watch the translation of verb tenses!

Use a non-linguist who is unfamiliar with the original text to check the clarity of your English version

Grammar: the present participle

6 The particularity of the present participle is its unique ending: *ant.*

How is it formed? Again, as long as you know the present tense, it is relatively simple to form the present participle. Take the *nous* form of the present tense, drop the *ons* and add *ant.*

Example: *prendre > nous prenons > prenant*

There are three exceptions only:
être > étant
avoir > ayant
savoir > sachant

Verbs ending in *cer* and *ger*:
nous avançons > avançant
nous mangeons > mangeant

7 When to use the present participle

In English, it takes the form of 'by', 'on' or 'while', plus a verb ending in 'ing'.

In French the participle is often preceded by *en.*

Examples:
On hearing the news, he felt sad.
En entendant la nouvelle, il était triste.

By going to college, he passed his exams.
En allant au collège, il a reussi à ses examens.

She is talking to her friend while driving.
Elle parle à son ami en conduisant.

perfect tense

(elle lui a parlé en conduisant)

(elle lui parle en conduisant)

8 Be careful: the present participle in English is not always translated as a present participle in French.

Example: They talked to the man in the street selling newspapers.

The two verbs in the sentence have different subjects – they (subject) talked (verb); the man (subject) selling (verb).

In French this sentence does not use the present participle, but becomes *Ils ont parlé à l'homme qui vendait des journaux.*

> Both the main verb and the present participle have the same subject

DAY

1
2
3
4
5
6
7

Translating: French into English/ The Present Participle

Have you improved?

1 Translating

Vous travaillez pour un journal local anglais et votre patron est très intéréssé par la pré-ambiance de la Coupe du Monde de Football qui va se dérouler en France et les sentiments des Français sur cet événement. Malheureusement, il ne comprend pas le Français et il vous demande de lui traduire ce passage de l'Internet.

Traduisez à partir de 'Le Mondial 98' jusqu'à 'ballon rond' et à partir de 'En janvier dernier' jusqu'à 'entre filles'.

> **Mondial – Les antifoot passent à l'offensive**
> Le Mondial 98 déchaine toutes les passions. Publicitaires, médias, sites internet, théatres et restaurants rivalisent pour attirer tous ceux à qui le ballon rond donne des boutons.
> Au premier rang de ceux-ci figurent bien évidemment les femmes, à commencer par la ménagère de moins de 50 ans qui est devenue la cible préférée des annonceurs.
> Les sondages sont en effet sans ambiguité sur les rapports sexe/football. Plus de 70% des Françaises interrogées par les diverses études ces derniers mois ont confirmé qu'elles n'avaient aucune intention de suivre le Mondial. Aussi, pour vendre, mieux vaut peut-être viser le public réfractaire à la Coupe du Monde que les 'affectueux' du ballon rond.
> Les chaînes d'électro-ménager, les revendeurs de télévision l'ont bien compris, qui rivalisent des slogans attisant la guerre des sexes. Un téléviseur est présenté comme 'le plus bel ennemi de la femme', d'autres campagnes recommandent d'acheter un deuxième poste pour la paix des ménages.
> Des théatres offrent des réductions à ceux (celles) qui se présentent moins d'une heure avant le début de la représentation.
> En janvier dernier, un sondage demandait à ces dames ce qu'elles envisageaient de faire pendant que leur mari serait installé sur le canapé familial, une bière à la main.
> Onze pour cent d'entre elles ont opté pour une soirée 'Chippendales'. Elles ont été entendues. Sous le slogan 'les nanas se rebiffent', les 'Californian Dream Boys' invitent les compagnes des supporters à une soirée de charme entre filles.
>
> Source: Internet Yahoo! Actualités, jeudi 11 juin 1998

You cannot translate names

Be aware of the tone used in this text and use it in your translation – it tends to patronize women and sport.

Use a dictionary

Grammar: the present participle

Remplissez les blancs et traduisez chaque phrase en anglais.

Sans *en*:

1 J'étais dans le salon _____(regarder) la télévision.

2 Elle était au restaurant _____(manger) une pizza.

3 _____ (avoir) de la monnaie, elle en a profité pour acheter du pain.

4 _____(vouloir) venir chez moi, elle m'a téléphoné.

5 _____(être) sur le chemin de l'école, je ne suis pas retourné chez moi pour aller chercher mon sac.

Avec *en*:

6 Il a eu un accident en _____(aller) chez son cousin.

7 Nous nous sommes rencontrés en _____ (étudier) dans la même classe.

8 Je me suis fait mal à la main en _____(écrire) trop.

9 Il est tombé en _____(boire) son café.

10 Je suis devenue myope en _____(lire) des dizaines de livres.

DAY

1

2

3

4

5

6

7

Speaking Skills/ Direct and Indirect Speech

How much do you know?

Speaking skills

1 There are three types of speaking assessment – a role-play, a prepared oral topic and a general conversation – but they have one common requirement: speaking with _____.

2 What is the difference between a role-play studied at GCSE and a role play presented at AS Level?

3 What do a prepared oral topic and a general conversation have in common?

Grammar: direct and indirect speech

4 Match the following forms of language with their definitions.
  a) direct discourse is:
    i) reported speech
    ii) live conversation

  b) indirect discourse is:
    i) reported speech
    ii) live conversation

5 When direct speech becomes indirect, a few _____ must be made in a sentence.

6 When changing direct speech to indirect speech, do tenses remain the same? Consider the following situations and answer yes or no. List any exceptions to the rules.
  a) The introductory verb is in the present tense.
  b) The introductory verb is in the past tense.

Answers

with three exceptions: the imperfect, the present and the conditional
6 It depends on the tenses used in the direct speech. a) no, with one exception: the imperative b) yes,
opinion. **3** They generate a discussion. **4** i) b ii) a **5** changes
1 confidence **2** An AS Level role-play is more extended than a GCSE role-play and requires your

If you got them all right, skip to page 35

Learn the key facts

Speaking skills

1 In the oral examination, you will have to deal with either a role-play, a prepared oral topic or a general conversation. With some examining boards, you may be assessed on more than one of these tasks. Whatever form of speech you are working on, they will all refer to current issues and topics that you should have covered. Your general knowledge on France and French culture as well as topical issues should become an integral part of your studies. You should be concentrating on issues mainly related to young people in France, French people in general and certain aspects of French society.

The three assessments have one thing in common – you must speak in French throughout. In other words, from the moment you enter the room you must not speak a word in English. Start using French as soon as you address the examiner: it gives a good impression.

During the examination, you must keep speaking French even if you forget how to say what you want to communicate. If you have a memory lapse, do not keep trying to remember a specific word. Instead, opt for an alternative phrase or use a sentence to define the word you have forgotten. For example, you want to say the following in French: *Je vais parler de la maladie de la vache folle.* Unfortunately, you are stuck and you cannot remember the expression for 'mad cow disease'. Try to find another way of putting your information across. You could say *Je vais parler du problème du boeuf contaminé en France.*

If you don't understand a question that the examiner asks you, don't try to guess and make something up. Be honest and, in French, ask him or her to repeat the question: *Est-ce-que vous pouvez répéter la question s'il-vous plait?* Be polite – always add the word 'please' in any of your requests. Finally, remember to speak confidently and above all be in control of your interaction with the examiner. You are in charge!

2 Role-plays

You should already be familiar with role-plays from your GCSEs. At AS Level, you must deal with a role-play that is more extended and open-ended You will also have to give your opinion more.

In most role-plays, you will be given a stimulus to respond to. The stimulus will usually be a picture with or without comments. You should also have a list of questions to refer to, as guidance for the questions the examiner will ask you.

- Jot down as much information as you can from the stimulus (in French). Make clear and concise notes – you will have to develop your ideas fully in the examination. The last thing you want to do is have to look through a mass of scribbled notes and not be able to read your own handwriting.

> *Keep reading authentic material in order to gain a good general knowledge on France*

> *Do not try to memorise too many facts: you may have to improvise if you end up with a few gaps*

> *Keep speaking French, avoid prolonged moments of silence*

> *Do not revert back to English*

> *Do not let the examiner take the lead*

DAY 3

- Consider the issues raised in the stimulus as soon as possible. You will have to express your views on them. A role-play is like a discussion and issues will be discussed. Therefore, you must use all the opportunities you have to give your opinion and to prove to the examiner that you have a good knowledge of the topics involved.

- Do not just consider the illustration. Refer to any written clues such as headlines or comments – these can guide you in your thinking and give you vital clues.

- Use the questions as a guide – they give you the main points and act as a plan.

- Use a wide range of vocabulary, lexis and structures. The fluency of your French will be taken into account. It is important to feel confident in your use of language. Try to keep it simple but not too basic. Make sure that your sentences all have a subject, a verb and an object. You should be as specific as possible – remember, French is a precise language.

Finally, keep in mind that the examiner could ask you unpredictable questions. Be prepared!

Use the stimulus and its content to its full extent

Express your ideas in a complete and specific way – show off your knowledge but do not ramble!

Pace yourself. Do not rush while speaking.

3 Prepared oral topic and general conversation

Both of these assessments are discussions based on topics covered during your studies but they have one distinction: the prepared oral topic is based on one topic that you have chosen, while the general conversation is the choice of the examiner who can invite you to discuss two or three topics that you have studied during the year. Not all examining boards have incorporated the latter. If general conversation is a part of your speaking exam, you must make sure that you remember the main issues on each topic studied. Do not concentrate so much on one or two areas that you end up knowing next to nothing on the others.

So what is the best approach to building up general knowledge on each topic?

It is a gradual process and you certainly should not leave it until the last minute in May.

For each topic studied in class, try the following:

- Learn a list of main vocabulary and expressions every day. Ask someone at home (who has a basic knowledge of French) to test you or work with a friend who is also studying French.

- If you struggle with the pronunciation, you could ask your teacher to record a list of vocabulary on tape and listen to it every evening.

- In class, do not hesitate to ask questions in French if you are in doubt. This will not only give you practice with questions, it will also help clarify any areas that you are not sure of.

- At the end of each topic you cover, write the main issues and points on a card. These cards will come in very handy during revision time.

Watch your pronunciation

If you put these tips into practice you will gain not only a good general knowledge of French culture, but you will also achieve a certain degree of confidence, which you need for your exam. Do not be afraid of making mistakes!

Grammar: direct and indirect speech

4 Direct speech means words that are actually spoken in a conversation.

Indirect speech reports the content of direct speech, which is introduced by a main verb.

Example:
direct speech: *Il a crié aux enfants: 'Arrêtez de faire du bruit!'.*
indirect speech: *Il a demandé aux enfants d'arrêter de faire du bruit.*

In direct speech, the spoken words have quotation marks before and after them and there is usually puncuation dividing the sentence into two parts. With indirect speech, the sentence is continuous and there are no quotation marks.

5 A few changes occur when the direct speech becomes the indirect speech.

The punctuation changes, as described above.

The word order often changes.

Example:
direct speech: *Elle lui a demandé, 'Quand allez-vous venir?'*
indirect speech: *Elle lui a demandé quand il allait venir.*

Note that, in the indirect speech above, the subject is no longer inverted and *vous* has changed to *il*. If you translate these sentences, you will realise that it is exactly the same process in English.

The interrogative form

Very often *si* or *s'* is introduced, especially if the question relates to the verb.

Example:
Ses parents lui ont demandé, 'As-tu fait tes devoirs?'
Ses parents lui ont demandé s'il avait fait ses devoirs.

Que becomes *ce que*.

Example:
Il a demandé, 'Qu'as-tu acheté ce matin?'
Il a demandé ce que j'avais acheté ce matin.

There are no changes with the other interrogative pronouns: *pourquoi, quand, où*.

Do not struggle on your own – ask for help

Speak French with your classmates

Speak French at home

Speak French as often as you can, when you have the opportunity

DAY

3

Direct and indirect speech is used in everyday conversations in English and French

Changes of tense

If the introductory verb is in the present tense, there are no changes to the second verb, except if it is in the imperative. In this case the imperative changes to the subjunctive or infinitive.

Example:
Il me demande (present), *'Ne me quitte* (imperative) *pas!'*
Il me demande que je ne le quitte (subjunctive) *pas.*
Il me demande de ne pas le quitter (infinitive).

If the introductory verb is in the past tense (any past tense), there are some changes.

present > imperfect

perfect > pluperfect

future > present conditional

future perfect > past conditional

Example:
Il s'est exclamé, 'J'ai vu (perfect) *le voleur!'*
Il s'est exclamé qu'il avait vu (pluperfect) *le voleur.*

However, there are no changes with the imperfect, the conditional and the past historic.

Example:

J'ai pensé, 'La mer était (imperfect) *belle'.*
J'ai pensé que la mer était belle.

Have you improved?

Look at this material and prepare your response to the questions given.

ESB Un animal malade découvert dans un abattoir breton

DES VACHES FOLLES DÉJOUENT LA SURVEILLANCE

Le Figaro 14 Février 2000

Un certificat vétérinaire doit accompagner à l'abattoir tout animal malade ou accidenté. La vache découverte en Bretagne n'en disposait pas.

1 De quoi s'agit-il?

2 Quel est le problème avec cette vache?

3 A votre avis, est-ce que les précautions prises avec les vaches Françaises sont exagérées?

4 Quelles sont les solutions pour ne plus attraper de maladies à cause de la nourriture?

5 Est-ce que les Français mangent plus sainement que les Anglais?

> *Revise the topic on La gastronomie et les Français*

> *Read articles on la maladie de la vache folle*

Grammar: direct and indirect speech

Mettez le discours direct au discours indirect. Attention aux changements!

1 Il dit à ses étudiants, 'Regardez la carte!'.

2 Nous demandons à nos voisins, 'Pouvez-vous nous aider?'.

3 Je demande à mon amie, 'Que fais-tu ce soir?'.

4 Tu demandes au professeur, 'Pourquoi m'avez-vous donné une mauvaise note?'.

5 Vous lui avez demandé, 'Es-tu prêt?'.

6 Je demandais, 'Que feriez-vous si vous gagniez au loto?'.

7 Il a dit, 'Viendras-tu me voir?'.

8 Elle a déclaré, 'J'ai quitté mon travail'.

9 Je lui ai dit, 'Tu jouais bien au tennis avant!'.

10 Nous pensions, 'C'est dommage!'.

Listening: Questions in French/ The Subjunctive Mood

How much do you know?

Les transports et le tourisme

1 Les transports publics français
   a) Comment sont gérés les transports en France: sont-ils privatisés ou nationaux?
   b) Qu'est-ce-que la SNCF?
   c) Est-ce-que les transports publics ont récemment eu des changements?

2 Le train
   a) Quel est le nom du train Français le plus rapide du monde?
   b) Donnez le nom d'un autre train très rapide aussi.
   c) Qu'est-ce que le RER?

3 L'avion
   a) Quel est le nom de l'avion le plus rapide du monde construit par la France et l'Angleterre?
   b) Comment s'appelle la compagnie aérienne la plus importante de France?
   c) Qu'est-ce-que Roissy et Orly?

4 La voiture
   a) Est-ce-que la France est un des meilleurs constructeurs d'automobiles du monde?
   b) Qu'est-ce-que la 2CV?
   c) Quel sorte de véhicule est-ce-que les Français préfèrent maintenant?
   Cochez les adjectifs: pratique, rapide, grosse, petite, spacieuse, économique.

5 Le tourisme
   a) Nommez les vacances préférées des Français.
   b) Nommez le style de vacances qui se développe.

Grammar: introduction to the subjunctive mood

6 What other tense is used to form the subjunctive of regular verbs?

7 The subjunctive mood is required for verbs denoting a wish, preference or desire. There are five other instances when it is also required. What are they?

8 The subjunctive is usually introduced by the word _____.

Answers

1 a) privatisé b) la Société Nationale des Chemins de Fer c) oui 2 a) TGV b) le Corail c) un métro extérieur 3 a) le Concorde b) Air France c) des aéroports 4 a) non b) une voiture c) pratique, spacieuse, économique 5 a) la mer b) le tourisme vert 6 the present tense 7 doubt, denial, feelings, orders, permission 8 que

If you got them all right, skip to page 43

Listening: Questions in French/ The Subjunctive Mood

Learn the key facts

Les transports et le tourisme

1 Les transports publics en France

Les transports publics comme le métro à Paris, sont préférés des Français, particulièrement dans les grandes villes, à cause du problème persistant de la circulation de la route: ce sont les transports urbains.

L'organisation est décentralisée, c'est à dire que les communes, les départements et les régions s'occupent des affaires financières, comme par exemple le prix des billets et les tarifs.

En Ile de France (la Région Parisienne), l'etat est à la tête de ce financement.

La plupart du temps, les services publics sont gérés par des compagnies privées mais il existe des exceptions:

- la RATP (la Régie Autonome des Transports Parisiens) avec la Carte Orange sur les métros

- la SNCF (La Société Nationale des Chemins de fer Français).

Il existe aussi le TER (Train Express Régional).

Les transports publics à Paris ne coûtent pas cher

Les changements récents des transports publics urbains

Les Français sont de plus en plus conscients des problèmes de pollution, surtout dûs aux embouteillages. Ils sont prêts à y remédier. Par exemple, recemment le PDU (Plans de Déplacements Urbains) a favorisé l'abandon de la voiture en essayant de prôner les progrès faits pour le stationnement, le transport et la circulation. Des grandes villes comme Lyon l'ont déjà adopté. Par conséquent, il existe une prise de conscience et de nécessité pour la modernisation des transports en commun:

- innovations techniques pour favoriser les voyageurs;

- certains gaz anti pollution ont été utilisés (tramways à pneus);

- espaces aménagés pour plus de confort;

- plus de compostage.

Beaucoup de Parisiens utilisent la Carte Orange qui permet de voyager dans les 5 zones qui couvrent Paris

La sécurité est aussi devenue primordiale: désormais les métros, bus et tramways sont constamment en contact direct avec un poste central et des 'agents d'ambiance' ont été employés pour assurer la sécurité.

2 Le train

La France est un des réseaux ferroviaires les plus développés dans le monde. La SNCF, créée en 1937 est connue pour avoir des trains ponctuels et techniquement bien développés, comme le TGV.

Le TGV est le Train à Grande Vitesse qui a été lancé en 1981 entre Paris, Lyon et Genève. Il a été suivi du TGV Atlantique, de couleur bleue, circulant de Paris à Nantes et le TGV Nord circulant de Lille à Bruxelles. A 270 kilomètres à l'heure, il est le train le plus rapide du monde (oui, avant le train Japonais!). Les Français en sont très fiers.

Cependant, il faut payer une réservation sur ce train. Elle est obligatoire!

D'autres trains en France sont aussi très efficaces: les Corails qui sont des trains couchettes et effectuent de longs trajets comme du Nord de la France jusqu'en Italie du Nord.

Le RER est un métro qui ressemble plus à un train. Il représente en fait le métro extérieur de Paris pour les distances plus longues.

N'oublions pas l'Eurostar qui traverse le Tunnel sous la Manche entre la France et l'Angleterre.

> Les trains Français sont très ponctuels

3 L'avion

La France et les Français sont aussi très fiers de l'histoire de l'aviation Française et surtout de sa compagnie aérienne la plus importante et la plus âgée – Air France.

Tout a commencé au début du 20ème siècle. Considérez les dates suivantes:

1909: Le Français Louis Blériot réalise pour la première fois la Traversée de la Manche.

1913: L'aviateur Français Roland Garros traverse la Méditerranée.

1969: Le Concorde, avion commercial supersonique Franco-Britannique, est construit.

1978: Le Mirage 2000 est un des meilleurs avions de chasse Français.

1992: L'arrivée d'Airbus, avion commercial.

Air France, dont les vols partent de l'aéroport Roissy-Charles De Gaulle, est une des premières compagnies au monde à faire voler des avions civils, transportant des passagers.

A l'origine, en 1933, Air France était constituée de quatre petites compagnies aériennes. Son emblème était et demeure un hippocampe ailé. C'est une compagnie privée. En 1945, elle devient nationale et en 1950, elle commence les 'longs courriers'.

> Long courrier =
> long flight

Air France a progressé énormément en 20 ans et est devenue la huitième compagnie aérienne mondiale. Cependant, la concurrence est devenue de plus en plus forte et depuis 1970, elle s'est agrandie avec Air Inter (qui effectue les vols intérieurs) et UTA.

Depuis 1991, Air France a eu des difficultés financières et a dû faire des économies. Elle est maintenant dans une meilleure situation financière.

> Moyen courrier =
> short flight

Les deux aéroports principaux sont Roissy-Charles De Gaulle dans le Nord de Paris et Orly dans le Sud de Paris.

4 La voiture

Bien que la France ait des noms célèbres de compagnies d'automobiles (e.g. Peugeot), elle est loin derrière d'autres pays Européens ou mondiaux, comme par exemple l'Allemagne ou les Etats-Unis. Ces dernières années, certaines marques de voitures ont essayé de s'innover comme Renault et sa Mégane. Malgré tout, les Français achètent de plus en plus de voitures étrangères. C'est la guerre des prix et des petits modèles.

Considérons certaines dates importantes dans l'histoire de l'automobile:

1898: Premier salon de l'automobile avec la présence de Peugeot à Paris.

1921: Apparition du Code de la Route.

1922: Création du permis de conduire. (De nos jours, il existe aussi 'la conduite accompagnée' à partir de l'âge de 16 ans.)

1948: la '2CV' (deux chevaux – c'est la puissance du moteur), appelée plus familièrement la 'Deuche' ou la 'Deux Pattes', est devenue la voiture symbole de la France (comme la baguette). Elle était très populaire parmi la classe ouvrière, étant économique et pratique.

Bien sûr, depuis la voiture Française a évolué, et à cause de la concurrence entre les différentes compagnies, chaque marque essaye de créer la voiture la plus pratique, spacieuse et économique, e.g, Renault et la 'voiture bulle', la Mégane Scénic ou l'Espace.

5 Le tourisme

Le tourisme joue un rôle important dans un pays comme la France qui jouit d'un amalgame de paysages diverses (mer, montagne, campagne). Certaines régions, comme le Sud de la France, en vivent.

Le tourisme balnéaire – la mer – est toujours le choix préféré des Français qui représentait les premières vacances quand les compagnies ont commencé à payer des congés dans les années 60. En 1981 une cinquième semaine de congé était payée.

Les sports d'hiver: ce type de tourisme attire une classe sociale plus élevée.

Les grandes vacances: c'est la période juillet-août quand les étudiants sont en vacances scolaires.

Il existe plusieurs sortes de tourisme:

* les destinations lointaines (les 'dom-tom');

* le tourisme culturel et spirituel (Lourdes);

* le tourisme sportif (avec des activités – UCPA);

* le tourisme de santé (les stations thermales).

D'autres sortes de tourisme sont récemment devenues plus populaires:

* le tourisme vert (pour échapper à la pollution des villes – les Parisiens le favorisent);

* le tourisme scientifique et technique ('le Futuroscope' à Poitiers).

En général, les Français aiment partir en vacances en famille ou aller chez la famille. Ils sont très chauvinistes! Le Club Méd est une preuve de cet état d'esprit.

La conduite accompagnée est destinée aux jeunes qui ont entre 16 et 18 ans, qui peuvent apprendre à conduire seulement sous le contrôle d'un chauffeur qualifié de plus de 25 ans.

UCPA: centres d'activités partout en France ouverts aux 6-66 ans

Un chauviniste en Français est une personne patriotique qui aime seulement son pays

Le Club Méd: club de vacances partout dans le monde où on se tutoie et où il y a les GO (Gentils Organisateurs) et les GM (Gentils Membres = les vacanciers)

Grammar: introduction to the subjunctive mood

6 The formation of the subjunctive mood

In order to form regular verbs in the subjunctive mood, the present tense is used.

You drop the *ent* in the third person plural (e.g. *ils parlent*) and add the endings *e, es, e, ions, iez, ent*.

Study the three groups:

chanter	finir	descendre
Present: ils chantent	Present: ils finissent	Present: ils descendent
je chante	je finisse	je descende
tu chantes	tu finisses	tu descendes
il chante	il finisse	il descende
nous chantions	nous finissions	nous descendions
vous chantiez	vous finissiez	vous descendiez
ils chantent	ils finissent	ils descendent

There are some important irregular verbs you need to memorise. They are:

Avoir: j'aie, tu aies, il ait, nous ayons, vous ayez, ils aient

Etre: je sois, tu sois, il soit, nous soyons, vous soyez, ils soient

Pouvoir: je puisse, tu puisses, il puisse, nous puissions, vous puissiez, ils puissent

Faire: je fasse, tu fasses, il fasse, nous fassions, vous fassiez, ils fassent

Savoir: je sache, tu saches, il sache, nous sachions, vous sachiez, ils sachent

Vouloir: je veuille, tu veuilles, il veuille, nous voulions, vous vouliez, ils veuillent

Aller: j'aille, tu ailles, il aille, nous allions, vous alliez, ils aillent

7 When to use the subjunctive mood

Very often the subjunctive mood is linked to verbs denoting wish, preference or desire. It is also seen in five other groups of verbs. Consider the following list:

a) Wish, preference or desire: *vouloir, désirer, préférer, souhaiter*

b) Doubt: *douter*

c) Denial: *nier*

d) Permission: *permettre*

e) Order: *exiger, commander, ordonner*

f) Feelings: *être heureux, avoir peur, craindre*

Other verbs require the use of the subjunctive mood; they are usually followed by *que*: *attendre que*
supposer que
suggérer que

Impersonal verbs also belong to this group:
il est important que
il vaut mieux que
il est nécessaire que

8 Conjunctions and the subjunctive mood

There are some common conjunctions which need the subjunctive mood, such as:
bien que
avant que
pour que
de peur que
à moins que
sans que

Have you noticed? They are also accompanied by *que*.

These lists are not exhaustive but they will be sufficient for you to use the subjunctive with confidence.

Have you improved?

Les transports et le tourisme

Les TGV du soleil

Ecoutez l'extrait numéro 3 du CD sur les transports et le tourisme, puis répondez aux questions en Français.

1 Qu'est-ce-que 'Frantour'? (1)

2 Qu'est-ce-que le Président Jacques Berducou de 'Frantour' a voulu faire l'an dernier? (1)

3 Que faisait-il avant d'être à la tête de 'Frantour'? (2)

4 Qu'est-ce-qu'il a lancé au départ de Bruxelles? (1)

5 Est-ce-que cette nouvelle ligne a été un succés? (1)

6 Que comprend l'offre exactement? (3)

7 Combien coûte une semaine? (1)

8 Quel groupe de personnes a profité de l'offre? (2)

9 Est-ce devenu un succés? (1)

10 Comment s'appelle cette nouvelle organisation? (1)

11 De quelle sorte de tourisme parle-t-on? (1)

12 Quelles sont les destinations les plus populaires? (2)

> Some answers may already be given to you in some of the questions!

> Check the marks for each answer – they can give you guidance

Grammar: introduction to the subjunctive mood

Remplissez les blancs avec la forme correcte du verbe et soulignez les verbes ou conjonctions qui nécessitent l'emploi du subjonctif.

1 Ma mère refuse que ma soeur et moi _____ (sortir) le soir.

2 Elle désire que je _____ (partir).

3 Il faut que tu _____ (aller) chez le médecin.

4 Vous voulez que nous _____ (venir) chez vous.

5 J'ai peur qu'ils ne m'_____ (écouter) pas.

6 Nous doutons que vous _____ (être) honnêtes.

7 Il est nécessaire que nous _____ (savoir) la vérité.

8 Bien qu'il _____ (être) gentil, je ne l'inviterai pas.

9 Je t'achèterai du papier et un stylo pour que tu m'_____ (écrire).

10 Il faut que tu _____ (avoir) vraiment de la chance pour être choisi.

Listening: Summary in French/ Relative Pronouns

How much do you know?

L'environnement et la pollution

1 a) Qu'est-ce-qui représente 80% du territoire en France?
   b) Comment est divisée la France?

2 a) Que s'est-il passé dans les campagnes après la guerre et surtout dans les années 70?
   b) Qu'est-ce-qu'un 'bourg'?

3 a) Qu'est-ce-que l'on appelle une 'ville-dortoir'?
      i)   une ville
      ii) une université
      iii) une banlieue
   b) Que signifient les initiales HLM?
   c) Comment est divisée Paris?
   d) Associez les mots suivants:
      i)   La Défense   iv) des restaurants
      ii) Le Centre Pompidou   v)   un centre d'affaire
      iii) Le Quartier Latin   vi) des Arts

4 a) Qui est Jacques Cousteau?
   b) Comment s'appelle le mouvement écologiste principal en France?
   c) Quelle est la forme de pollution la plus connue?
   d) Est-ce-que la France a récemment était touchée par la pollution et les problèmes d'environnement?

Grammar: relative pronouns

5 In a sentence, *qui* relates to the _____ and *que* relates to the _____.

6 a) *Dont* is used for _____ and _____.
   b) *Dont* always replaces a phrase beginning with _____.
   c) *Dont* also expresses p_____.

7 *Où* refers to _____ and _____.

Answers

5 subject, object **6** a) people, things b) de c) possession **7** places, times
modéré c) en arrondissement d) i–v, ii–vi, iii–iv **4** a) un écologiste b) les Verts c) les voitures d) oui.
1 a) la campagne b) par départements **2** a) l'exode rurale b) un gros village **3** a) iii b) habitation à loyer

If you got them all right, skip to page 49

Learn the key facts

L'environnement et la pollution

1 L'environnement

La France est un pays très vaste et avec des régions très variées – 80% du territoire Français est recouvert de forêts, champs et prés. L'Hexagone est divisé en 95 départements qui forment des régions. Par exemple, la région de Bourgogne est formée de quatre départements. Quand on regarde la plaque d'immatriculation d'une voiture, il est facile de connaître l'origine de résidence du chauffeur: le numéro d'immatriculation est le même numéro du département d'où il vient. Par exemple, numéro 21: l'automobiliste vient du département de la Côte D'Or.

Comme dans tout pays, la France rassemble des villes et des campagnes: c'est l'environnement.

> *L'Hexagone = nom donné à la France à cause de sa forme*

> *Le numéro d'immatriculation des voitures = car registration number*

2 La vie rurale

La France a toujours été un gros exportateur de ses produits agricoles; la majorité de ses terres étant exploitables. Les Français sont en majorité d'origine paysanne. Cependant, depuis l'après guerre et surtout dans les années 70, l'expansion de l'industrie et l'explosion urbaine (les villes) ont mis fin à la vraie existence des campagnes. Ça s'appelle l'exode rural.

Alors, que s'est-il passé? Les paysans, qui sont devenus des 'agriculteurs' ont dû se moderniser (la mécanisation) pour faire face aux demandes du gouvernement (plus de productivité et plus rapidement). Par conséquent, les 'petites exploitations' (les petites fermes) ont fait faillite. Ils n'ont pas pu se battre avec les 'gros' exploitants – les agriculteurs devenus de vrais 'businessmen'. Non seulement, les 'petits' paysans ont perdu leur travail et ils ont dû aller dans les villes, mais aussi les autres petits commerces ont souffert. Ils ont été menacés de fermeture – c'est la désertification des campagnes.

> *Faire faillite = to go bankrupt*

Une des solutions actuelles pour essayer de repeubler les campagnes est le 'tourisme vert'.

Que reste-t-il des campagnes? Il existe encore les 'bourgs' qui sont des gros villages et qui en général regroupent une banque comme le Crédit Agricole, un médecin et quelques services administratifs – surtout la poste, qui reste un point de contact – puis certains petits commerces (la boulangerie).

DAY
4

3 L'urbanisme

Les banlieues et les villes nouvelles

Les gens des campagnes se sont rués vers les villes à la recherche d'un emploi. En général, ils ont trouvé l'emploi dans la ville mais ils ont dû se contenter de la banlieue pour vivre. En effet, la banlieue, qui est autour de la ville, est devenue plus accessible étant moins chère, tout en étant proche de toute activité. La plupart des banlieues, dans lesquelles ont été construits les 'grands ensembles' (comme les HLM: habitations à loyer modéré) pour faire face à l'exode rural, ont finalement été nommés des 'villes-dortoirs' et le slogan de 1968 'Boulot-dodo-métro' est apparu.

Les HLM ont aussi été créés dans les 'villes nouvelles' à cause de la croissance des habitants dans les banlieues. Malheureusement, ces villes ont une tendance à provoquer une ségrégation sociale. Elles ont surtout émergé dans la région parisienne. Voici quelques noms connus: Sarcelles, Marne la Vallée et Cergy-Pontoise.

Paris

La ville de Paris est divisée en 20 arrondissements avec des quartiers riches et pauvres. La capitale n'a pas été épargnée par les changements de l'après guerre. Des quartiers entiers ont été créés pour répondre à l'exode rural (e.g. Belleville), mais souvent ces quartiers ont été construits trop rapidement et ils ont été mal bâtis (e.g. La Goutte d'Or). C'est le cas de l'Est parisien qui est connu pour sa diversité de bâtiments. Dans les années 70, ce quartier a été rénové et en 1997, les urbanistes s'en sont occupés pour le rendre 'plus humain'. Certains quartiers, dans la même situation que l'Est parisien, bénéficient de ZAC (des Zones d'Aménagement Concertées). C'est une sorte de droit à la rénovation.

D'autres quartiers à Paris ont des caractéristiques spéciales:

- La Défense à l'ouest de l'Arc de Triomphe: un grand centre d'affaires;
- Les Halles et le Marais: des centres commerciaux;
- Le Quartier Latin: quartier des restaurants et divertissements;
- Le Centre Pompidou: centre des arts.

Plus récemment, il y a eu des constructions comme:

- la Bibliothèque de France (la plus grande du monde);
- les Pyramides (au Louvre).

Paris est une ville à toute facette qui a profité et qui profite encore d'un sur-développement par rapport à la Province.

4 La pollution en France

Les Français ne sont pas indifférents au problème de la pollution. Plusieurs actions depuis les années 70 ont été menées et diverses associations existent pour lutter contre ce fléau.

Depuis 1970, le ministère de l'environnement a essayé de combattre la pollution, mais s'est toujours confronté à l'industrialisation.

Boulot = slang for a 'job

Dodo = slang for sleep

Métro = the Underground

Attention: La Province = toutes les régions en France à part Paris et la région parisienne. Mais La Provence = une région du Sud de la France.

Par exemple, en 1975, Valéry Giscard D'Estaing, Président de la République, voulait diminuer le nombre de constructions de bâtiments et maisons sur les villes côtières (pour préserver le tourisme).

En 1984, il y a eu le lancement de l'opération 'Seine propre'.

Certaines associations comme les 'Verts' ou la 'Fondation Ushuaia' continuent à se battre. Récemment est décédé un de leurs plus grands protagonistes: Jacques Cousteau.

La pollution, à Paris particulièrement, devient un problème grandissant et des mesures drastiques ont été prises:

- Des associations comme 'Chiche' et 'mouvement pour la défense de la bicyclette' protestent contre l'utilisation de la voiture. Tous les mois, elles provoquent une manifestation au centre de Paris pour bloquer la circulation de la route.
- Une organisation 'l'Air Parif': il s'agit d'un organisme de surveillance de la qualité de l'air qui depuis 1997 a déclaré, 'Si la qualité de l'air atteint un certain niveau, la moitié des automobilistes seulement pourront circuler'. (Si le numéro d'immatriculation est impair, ils circuleront les jours impairs et si le numéro est pair, ils circuleront les jours pairs.)
- Cette action a été remplacée par 'la Bastille Verte', obtenue avec la vignette de la voiture. Elle signale les véhicules non-polluants. De plus, la police fait des contrôles réguliers anti-pollution.

1, 3, 5, 7... sont des numéros impairs

2, 4, 6, 8... sont des numéros pairs

La vignette = car registration sticker/ road tax disc

Les Parisiens se plaignent aussi d'une autre forme de pollution: 'les chiens et leurs crottes!'. En effet, il n'existe pas assez d'espaces verts dans la capitale et, malgré l'amende que les propriétaires des chiens peuvent recevoir, ils continuent à leur laisser faire 'les besoins' partout.

Paris n'est pas la seule ville en France à être touchée par la pollution et aussi les désastres naturels. (Versailles a été ravagé par une tempête fin 1999.)

- Strasbourg: cette ville a fermé son centre historique à la circulation automobile et a créé des tramways modernes.
- Lyon: elle a interdit le transit des poids-lourds (des camions).
- La Bretagne: cette région a connu le désastre récent d'*Erika* et la marée noire.

Les Français sont très conscients de la pollution qui les entoure et des destructions qui les ont affectés. Cependant, il existe une compagnie appelée la Compagnie Générale des Matières Nucléaires qui dirige l'usine de La Hague, s'occupant des traitements de déchets radioactifs. Cette compagnie est en guerre avec Greenpeace car il semble qu'elle n'a pas toujours dit la vérité sur ces déchets et leur destination.

Listening: Summary in French/
Relative Pronouns

Grammar: relative pronouns

5 Qui or que?   Qui

Both of these pronouns link two sentences together in order to avoid repetition.

Example: (*Le professeur donne des cours de sciences. Le professeur est compréhensif.*)
Le professeur qui donne des cours de sciences est compréhensif.

In this example we have avoided repeating the word *professeur*.

Example: (*La maison est immense. J'admire la maison.*)
La maison que j'admire est immense.

In this example we have avoided repeating the word *maison*.

But what is the difference between *qui* and *que*?

Qui is the subject of the next verb. It relates to the subject.

Example: *La jeune fille* (subject) *qui parle à mes parents est jolie.*

Note that there is no other word between qui and the verb *parle*. It is also possible to say *la jeune fille parle* – it is grammatically correct.

Que is the direct object of the next verb. It is related to the object.

Example: *La lettre* (object) *que tu as écrite est trop longue.*

The subject is *tu* and the object is *la lettre que*. Because the object is before the verb, it agrees in gender: *que tu as écrite.*

6 Dont

Dont is used for people and things. It replaces *de* or expresses possession.

Example: *Le chien dont j'ai peur, appartient à ma cousine.*
We could also say, *J'ai peur du chien. Le chien appartient à ma cousine.*

Example: *Les papiers dont j'ai besoin sont importants.*
We could also say, *J'ai besoin des papiers. Les papiers sont importants.*

Dont expresses possession.

Example: *L'enfant dont le père est docteur, est très intelligent.*
We could also say, *Le père de l'enfant est docteur. L'enfant est très intelligent.*
There is a relationship between the father and the child.

Example: *La maison dont le jardin est fleuri, m'appartient.*
We could also say, *Le jardin de la maison est fleuri. Le jardin m'appartient.*

7 Où

Logically, *où* refers to a place.
    Example: *La ville où j'habite est jolie.*
But it also refers to time.
    Example: *Le jour où je suis né, il faisait beau.* (Do not use *quand*.)

Be careful: you cannot shorten qui

If que precedes a vowel, it becomes qu'

Have you improved?

L'environnement et la pollution

Erika: Qui va payer les dégâts?

Ecoutez l'extrait numéro 4 du CD sur des dégâts provoqués par la pollution récemment en France.

Ecrivez dans les cases les informations nécessaires en Français.
a) La forme de pollution (1)
b) La région touchée par le désastre (2)
c) Les deux responsables principaux (2)
d) Le transport mis en cause et son nom (2)
e) Le nom donné à la mer après avoir été polluée par le pétrole (2)
f) Comment s'est produit l'accident (2)
g) L'offre de Totalfina (3)
h) Le secteur principalement touché par le désastre (1)

> Le pétrole = oil

> L'essence = petrol

> For the answer to a) read statement e)

Grammar: relative pronouns

Remplissez les blancs avec le pronom correct: qui, que, dont, où.

1 Voici un livre _____ j'adore l'auteur.

2 Un agriculteur est une personne _____ travaille dans une ferme.

3 La statue _____ j'admire, a été construite il y a longtemps.

4 L'enfant _____ tu parles, est très sage.

5 L'endroit _____ nous sommes allés, est trop loin.

6 La nourriture _____ j'ai envie, est une glace au chocolat.

7 Au moment _____ je t'ai vu, je t'ai aimé.

8 L'animal _____ vous avez aperçu, n'est pas dangereux.

9 Le chien _____ aboie, est celui de la voisine.

10 La lettre _____ tu as reçue, ne dit pas la vérité.

DAY

4

Reading/The Passive Voice

How much do you know?

Les médias

1 Les médias en France
- a) Ils sont sous deux formes de pressions: lesquelles?
- b) Est-ce que les Français font confiance aux médias?
- c) En 1994, les Français ont commencé à douter de l'_____ des informations et du respect de la vie _____.

2 La presse écrite
- a) Qu'est-ce-que la presse écrite?
- b) Que s'est-il passé en 1987 pour les 'quotidiens'?
- c) Qu'est-ce-que les Français préfèrent lire?

3 La publicité
- a) Quel est l'autre nom donné à la 'pub'?
- b) Est-ce-que la publicité joue un rôle important chez les médias?
- c) Qu'est-ce-qui est apparu pour la première fois en 1968?

4 La télévision: Nommez les six chaînes de télévision Françaises.

5 La radio: Qu'est-ce-que François Mitterand a provoqué en 1982 pour les radios?

6 La technologie – outil médiatique:
- a) Quel est l'ancêtre de 'l'Internet', inventé par les français?
- b) Quel homme politique a voulu développer la technologie en France?

Grammar: the passive voice

7 Can any active construction which has a subject, a verb and a direct object be changed into a passive construction?

8 a) Can the passive be used in all tenses?
b) What verb is always part of the passive voice?

9 What is the indefinite pronoun? (It is commonly used in the French language, it refers vaguely to a group of people, and it is often seen instead of the passive voice.)

Answers

1 a) pressions du gouvernement et financières b) non c) exactitude, privée
2 a) les journaux et magazines b) une crise des quotidiens c) les magazines et hebdomadaires
3 a) la réclame b) oui c) le premier spot publicitaire **4** TF1, France 2, France 3, la 5, M6, Canal +
5 la libération des ondes **6** a) le Minitel b) Lionel Jospin **7** yes **8** a) yes b) être **9** on

If you got them all right, skip to page 56

Learn the key facts

Les médias

Les médias regroupent: la télévision et la radio, appelées la presse parlée et les journaux et magazines, appelés la presse écrite. Il existe aussi la publicité et, bien sûr, comme partout ailleurs dans le monde, l'Internet.

Les Français sont amplement informés par les médias comme les sources d'informations sont nombreuses. Les journaux appelés 'quotidiens' sont d'une qualité exceptionnelle, comparés à la plupart des journaux étrangers. Malheureusement, une crise de confiance s'est actuellement installée en France envers les médias.

1 Les relations des médias avec le public Français

Un peu d'histoire: en 1881, une loi sur la liberté de la presse était mise en vigueur pour donner plus de liberté aux médias. Cette loi existe encore de nos jours, avec certaines limites, souvent politiques, comme le secret-défense.

Bien sûr, les Français veulent faire confiance aux journalistes mais beaucoup d'entre eux pensent que la liberté de la presse est nécessaire jusqu'à un certain point, et que les journalistes devraient dire la vérité et ne pas être sous pression politique ou financière.

Depuis les années 60, les rapports entre la presse et le pouvoir ont été étroits. Il existait, à ce moment là, un ministère de l'information. Mais désormais, il s'agit d'un organisme indépendant: le Conseil Supérieur de l'Audiovisuel, connu sous l'abbréviation CSA, qui fait respecter les règles médiatiques.

Cependant le Président de la République peut choisir le journaliste qui va l'interviewer.

Certains journaux, magazines et hebdomadaires appartiennent à des groupes financiers, par exemple: *le Figaro* et *France-soir* appartiennent au Groupe Hersant; *Le Point* et *Télé 7 Jours* appartiennent à Hachette.

Les Français ne croient pas à l'indépendance des journalistes. A la fin des années 80 ils ont commencé à douter de la presse écrite et de sa vérité, ainsi que de la radio. La télévision paraissait encore fiable, à cause des images. Mais en 1991, la confiance totale s'effondre aussi pour la télévision. Ils réalisent que les journalistes veulent simplement faire un 'scoop'.

En 1994, le doute n'est plus seulement sur l'exactitude de l'information mais sur le respect de la vie privée.

Malgré tout, il existe une certaine hypocrisie chez les Français: ils sont des lecteurs de magazines et d'hebdomadaires dans lesquels se trouve souvent la presse à sensation et pourtant, ils se plaignent du manque d'information. Les médias profitent de cette curiosité pour attirer le public français avec des faits divertissants comme le sport et les vedettes. C'est la raison pour laquelle, sur une chaîne de télévision comme TF1, à 20 heures (heure de grande écoute), ils discutent plus de football que du chômage. Ils veulent l'Audimat.

> *L'heure de grande écoute = peak viewing time*

> *L'Audimat = device used for calculating viewing figures for French television*

Les Français surnomment les journalistes 'les paparazzis' ou 'les chasseurs d'images'.

2 La presse écrite

Elle consiste en journaux, magazines et hebdomadaires. Ils sont nombreux et leur contenu varie: ils peuvent être de tendance politique ou religieuse. Les plus populaires sont les suivants:

- *France-Soir*: journal d'actualité et de faits divers;
- *Le Monde*: connu internationalement et de très bonne qualité;
- *Le Parisien Libéré*: journal de faits divers;
- *Le Figaro*: ouvert aux grands courants d'opinion;
- *L'Equipe*: journal d'événements sportifs;
- *L'Humanité*: journal communiste;
- *La Croix*: journal catholique;
- *Libération*: journal à tendance libérale (de 1968).

Un journal régional très populaire est *l'Ouest-France*.

En 1987, les quotidiens sont entrés dans une période de crise à cause du succés de la presse magazine. Beaucoup de journaux comme *France-Soir, Libération* et *le Figaro* ont vu leur chiffre d'affaire chuter.

En effet, les Français achètent très peu de journaux, étant bien trop chers. Ils sont devenus des lecteurs de magazines comme par exemple *Le Nouvel Observateur*.

La presse quotidienne a même créé des suppléments spéciaux comme *Le Figaro Magazine*.

3 La publicité en France

La 'pub' aussi appelée la 'réclame' est présente partout en France pour attirer les consommateurs. Elle a accaparé la société Française:

- dans les rues – les panneaux publicitaires;
- dans la presse écrite – la 'pub';
- à la télévision et radio – la réclame.

Les médias ne peuvent plus se passer de la publicité qui est devenue un outil non seulement financier (les journaux vivent surtout de la 'pub') mais aussi qui attire (particulièrement les jeunes). En France, la publicité est très attrayante visuellement et aussi à l'écoute (écoutez les réclames à la radio – elles ont souvent un ton excitant, doux et plein de vie).

4 La télévision

Il existe six chaînes de télévision en France:

- TF1: la première chaîne ;
- France 2: la deuxième chaîne;
- France 3: la troisième chaîne (aussi la télévision régionale);

Mai 1968: periode de grèves nationales qui ont débuté avec les étudiants et ont continué avec les syndicats – voir chapitre 'Le Monde du Travail'

- Canal +: chaîne privée;
- La 5: appelée récemment Arte;
- M6: qui diffuse des 'vidéoclips' et des films.

Il y a quelques années, la télévision en France était, jusqu'à un certain point, controlée politiquement, surtout pour l'élection d'un dirigeant. Ceci s'est arrêté. Les relations entre l'état et la télévision ne sont plus aussi étroites, à l'exception de la période des élections présidentielles quand certaines chaînes ont encore leur candidat favori. Aussi, la plupart du temps le public français est d'accord avec les censures. Etudions les différentes chaînes:

- TF1: C'est la chaîne 'en tête'. Elle a subi certains changements depuis 1997, à l'exception du journal télévisé de 13 heures et 20 heures. Bouygues, le groupe financier à la charge de TF1, est en guerre avec Canal +, chaîne privée, en ce qui concerne la télévision numérique. Avec le TPS (Télévision Par Satellite), TF1 a reçu le monopole d'abonnement.
- Canal +: En 1997, cette chaîne a offert 21 chaînes avec le nouveau 'Disney Channel'. Elle est la première télévision payante et a un plus gros chiffre d'affaire que TF1.
- France 2: Elle est en difficulté de développement. Elle continue à faire face à sa concurrence avec TF1 sur la programmation.
- FR3: Elle est une chaîne régionale.
- La 5: Elle s'est associée avec 'Arte' et a tendance à être influencée par la culture Américaine. C'est une chaîne plutôt culturelle.
- La 6: Elle passe des vidéoclips et des films.

5 La radio

En 1982, il y a eu une explosion des radios libres (FM) par la libération des ondes. En effet, jusqu'à cette date, l'état contrôlait totalement le droit d'émettre, et par conséquent, ce contrôle donnait naissance à des 'radios pirates' qui passaient leurs émissions clandestinement. Ce trafic a cessé à l'élection de François Mitterand qui a interrompu les poursuites et libéralisé les radios en juillet 1982: c'est la liberté de communication.

Il existe, désormais une concurrence entre les radios libres (FM), les stations publiques (Radio France) et les stations privées, aussi appelées 'périphériques' (RTL ou Europe 1).

NRJ est un exemple classique de radios libres qui sont devenues populaires (surtout parmi les jeunes), grâce aux émissions de musique. Elle se trouve en deuxième position après RTL qui est la radio la plus importante.

Une date importante est 1968 quand est apparu le 1er spot publicitaire

Un spot publicitaire = a commercial

La télévision numérique = digital television

Avoir le monopole = avoir un privilège exclusif

S'abonner à (une chaîne) = to take out a subscription to (a channel)

Le chiffre d'affaires = turnover / profit

DAY

1 2 3 4 5 6 7

Voici une liste des radios par catégories:

- radios généralistes: France Inter, RTL, Europe 1, RMC;
- radios musicales: NRJ, Skyrock, Nostalgie;
- radios thématiques: France Info, France Musique;
- les radios locales.

Les radios locales (et régionales) s'inquiètent du nombre élevé de fréquences occupées par les grandes radios.

6 L'Internet

Bien que les Français soient proches de leur tradition et aient une tendance méfiante envers la technologie, ils se sont pourtant bien 'mis à la page' avec l'Internet.

Il est vrai qu'ils ont été les premiers, au niveau mondial, à utiliser son prédécesseur – le Minitel. Lionel Jospin est le premier chef politique à avoir pensé à une politique de la technologie, en outre le Minitel.

De même, le ministre de l'éducation a fait des efforts dans ce domaine. Malgré un enseignement traditionnel, rectorats, universités et écoles sont sur l'Internet. D'autres exemples: la Bibliothèque de Paris est complètement numérisée; CanalWeb est devenu le premier opérateur européen de télévision sur Internet – les chaînes comme TF1, France 2 et France 3 y apparaissent.

Grammar: the passive voice

7 Active sentence to passive sentence

As long as a sentence comprises a subject, a verb and a direct object, it can be changed into a passive sentence. Some changes will inevitably occur:

Example:
Active sentence: *Les étudiants ont écrit une rédaction.*
Subject = *Les étudiants*
Verb = *ont écrit* (perfect tense with auxiliary *avoir* + the past participle and its agreement)
Direct object = *une rédaction*

Passive sentence: *Une rédaction a été écrite par les étudiants.*
Subject = *Une rédaction* (a passive subject)
Verb = *a été écrite* (perfect tense with auxiliary avoir + être + the past participle agrees)
Object = *par les étudiants* (*par* is often a part of the passive voice as an active object)

Radios thématiques – leurs émissions sont principalement des discussions basées sur des questions de société.

Un rectorat = local education authority

8 The formation of the passive voice

The passive voice can be seen in all tenses and consists of the verb *être* plus a past participle. The verb *être* being present in the sentence, the past participle agrees with the subject.

Study the main verbs in a passive construction:
Present: *la rédaction est écrite*
Perfect: *la rédaction a été écrite*
Imperfect: *la rédaction était écrite*
Pluperfect: *la rédaction avait été écrite*
Past historic: *la rédaction fut écrite*
Future: *la rédaction sera écrite*
Future perfect: *la rédaction aura été écrite*
Conditional: *la rédaction aurait été écrite.*
Subjunctive present: *il faut que la rédaction soit écrite*

9 The passive voice and *on*

On is often used in the French language to refer vaguely to a group of people. It is also used when it is not possible to use the passive voice.

For example, if the agent is not expressed, the passive voice can be avoided and *on* should be used instead with an active sentence.

Example: *Le footballeur est très connu.* (we don't know by whom)
This can be expressed as *On connaît le footballeur.*

Note: the passive voice can also be formed with the reflexive pronoun *se* plus the third person singular or plural.

Example: *L'anglais se parle ici.*
In this case, we could also say: *On parle anglais ici.*

Have you improved?

Les médias

Lisez l'article et trouvez les phrases ou expressions correspondantes à celles du test. Regardez l'exemple.

> **Télévision sur Internet: La souris pour télécommande**
>
> Quelle est la chaîne de télévision qui propose actuellement le plus de programmes en direct en Europe? Vous ne la connaissez peut-être pas, puisqu'elle est uniquement diffusée sur Internet!
>
> CanalWeb, premier opérateur européen de télévision sur Internet, diffuse plus de quarante heures de direct par semaine en proposant un bouquet de 60 programmes thématiques. Auquel vient s'ajouter un catalogue de plus de trois mille heures d'émissions, visible à la demande. Tous ces programmes sont accessibles au monde entier et sont complétés par les fonctions classiques d'Internet: dialogues en direct avec les invités d'une émission, e-mail, commerce électronique …
>
> Et l'ensemble des chaînes attire quelque 200000 spectateurs par mois!
>
> La place des télés sur Internet est assez proche de celle qu'occupe la presse spécialisée (surabondante) face au nombre restreint des journaux de la presse généraliste. Aussi les 60 chaînes thématiques qui composent CanalWeb touchent des univers aussi variés que la gastronomie, les nouvelles technologies, les échecs ou encore le bridge.
>
> La diffusion de télévision sur le réseau a été rendue possible par l'arrivée, en 1995, d'une technologie appelée 'streaming'. Cette dernière permet de visionner images et sons d'un fichier informatique avant que celui-ci ne soit complètement téléchargé sur l'ordinateur. Ainsi, une chaîne peut 'émettre' en continu et les télénautes voir et entendre, en temps réel, les programmes. Certes, la qualité de la diffusion n'est pas excellente: l'image est petite, saccadée et pas toujours synchrone avec le son, mais le charme opère … La prochaine étape du développement de ces TV de l'avenir sera l'arrivée des réseaux hauts débits (câbles) qui permettront d'atteindre une qualité optimale. Et le rapprochement récent du géant d'Internet AOL, et de l'importance des médias 'classiques', Time Warner, montre que la télévision sur le réseau est prise très au sérieux.
>
> *Le Figaro 29 janvier 2000*

Phrases et Expressions	Réponses
1 Il est possible de voir cette chaîne de télévision seulement sur Internet	elle est uniquement diffusée sur Internet
2 Des émissions à thèmes	
3 Que l'on peut voir quand on le désire	
4 Un grand nombre de spectateurs sont intéressés par les chaînes	
5 Les grands quotidiens ont un nombre limité	
6 Les chaînes de CanalWeb comprennent une bonne sélection de thèmes differents	
7 On a pu diffusé cette télévision sur Internet	
8 Elle donne la possibilité de voir	
9 D'une façon permanente	
10 Il est prouvé que la télévision sur Web est à prendre en considération	

Grammar: the passive voice

Mettez les phrases suivantes à la forme passive.

1 Le facteur a délivré la lettre à temps.

2 Cet étudiant obtiendra un bon résultat.

3 La police avait arrêté le bandit deux jours plus tôt.

4 Il répare la moto pour demain.

5 Il aurait vendu toutes ses affaires s'il avait pu.

Mettez les phrases suivantes à la forme active.

6 Les desserts sont toujours mangés rapidement.

7 Les devoirs ont été donnés par le professeur.

8 La lettre sera distribuée à tout le monde.

9 Cette voiture aurait été achetée par cet homme.

10 Elle avait été complètement trempée par la pluie.

Listening: Gap-Filling Exercise/ Direct and Indirect Object Pronouns

How much do you know?

Immigration et racisme

1 a) A partir de quel siècle est-ce-que les immigrés ont commencé à venir en France?

b) Dans quel but sont-ils venus en France?

c) Il existe deux origines d'immigrés: les E_____ et les A_____.

d) Que s'est-il passé en 1974 en France en ce qui concerne l'immigration?

2 a) Pour pouvoir s'installer en France, les immigrés doivent connaitre la _____ _____ et doivent obtenir une _____ _____ _____.

b) De nouvelles _____ sont apparues sur l'immigration en 1998.

c) Qu'est-ce-que les 'sans-papiers'?

3 a) Qu'est-ce-que la xénophobie?

b) Quelle est la cause principale du racisme?

c) Qu'est-ce-que le Front National?

d) Comment s'appelle le dirigeant du Front National?

4 a) Qui est Harlem Désir?

b) Les c_____ essaient d'éduquer les gens contre le racisme.

Grammar: direct and indirect object pronouns

5 There are seven direct object pronouns: name them.

6 There are six indirect object pronouns referring to people only: name them.

7 What is the indirect object pronoun that replaces the prepositions *à, au, à la, à l', aux* before a noun referring to a place or thing?

8 What is the indirect object pronoun that replaces the prepositions *de, du, de la, de l', des* with a place or a thing and also refers to the notion of quantity?

If you got them all right, skip to page 64

58

DAY 5

1 2 3 4 6 7

Learn the key facts

Immigration et racisme

L'immigration en France est devenue ces dernières années un des thèmes principaux de discussion dans les débats politiques. La montée récente du Front National et de son dirigeant Jean-Marie Le Pen a spécialement contribué à ce problème. Les Français ont des avis partagés sur l'immigration et le taux de racisme ressenti en France varie. Les jeunes principalement se sentent concernés par le racisme et ses conséquences.

1 L'histoire de l'immigration en France

C'est au 19ème siècle que les industriels ont fait appel aux étrangers pour les aider à faire face au déficit de la main d'oeuvre. Au début, les immigrés étaient principalement des Italiens, des Belges, des Polonais et des Espagnols. Ceux-ci sont venus surtout s'installer dans le Nord industrialisé de la France. Après la deuxième guerre mondiale, il y a eu un autre afflux d'immigrés: d'Afrique du Nord (Maroc, Tunisie, Algérie, Maghrèb) et d'Afrique Noire (Sénégal, Guinée, Côte D'Ivoire, Mali, Togo). Ce sont des pays où les habitants parlent français (langue officielle). Par la suite, ils ont continué à venir en France pour trouver un emploi ou quelquefois pour retrouver des membres familiaux déjà installés dans l'Hexagone.

En 1974, après le choc pétrolier (1973), l'immigration économique a été suspendue. C'est à partir de cette période que la situation de l'immigration a commencé à changer, avec le Français de souche qui ressent un malaise 'd'invasion'. Des projets de lois avec des mesures plus ou moins dures apparaissent pour les immigrants, ce qui remet en question leur intégration.

1976: Le gouvernement français essaie de payer les étrangers pour retourner dans leur pays. Cette action a eu très peu de succés.

1981: Le gouvernement socialiste rend leur intégration plus douce grâce à une assistance sociale.

1986: Avec le gouvernement de Jacques Chirac, de nouvelles mesures plus rigoureuses sont prises (l'expulsion devient facile et la naturalisation devient difficile).

C'est à partir de cette date que le nom de 'sans-papiers' est entendu.

2 Les immigrés et leur intégration dans la société Française

Pour pouvoir s'installer en France, un étranger doit pouvoir parler français – c'est la première demande. Il doit aussi obtenir une carte de séjour après trois mois de résidence en France pour lui donner l'autorisation de travailler pour une durée limitée.

> *La main d'oeuvre = labour, manpower*

> *L'Hexagone: a name given to France because of its hexagonal shape – a way of avoiding using the name France repetitively*

> *Le choc pétrolier = oil crisis*

> *Le Français de souche = someone whose origins are purely French*

> *Les 'sans-papiers' – see section 2 of this chapter*

> *La Préfecture: c'est l'endroit où réside le Préfet – la personne qui s'occupe de l'administration civile d'un département.*

DAY 5

Cette carte est délivrée par la préfecture et doit être renouvelée tous les ans.

A partir de 1993, il a été beaucoup plus difficile d'obtenir la carte de séjour. Par conséquent, beaucoup d'immigrés sont tout de même restés en France mais en situation irrégulière (illégale). Avec les lois 'Debré', les mesures se sont intensifiées pour rendre l'installation des immigrés plus difficile en France.

Puis, il y a eu l'histoire des 'sans-papiers' – le nom donné aux étrangers qui résident en France illégalement. En 1996, avec les lois 'chevènement', l'entrée et le séjour des immigrés en France devient aussi difficile.

De nouvelles lois apparaissent en 1998:

- Les enfants nés en France de parents étrangers: s'ils ont vécu cinq ans avant l'âge de 18 ans, ils obtiennent directement la nationalité Française – c'est le droit de sol.
- Le droit d'asile: les personnes qui ont essayé d'obtenir le droit à la liberté dans leur pays d'origine reçoivent le droit d'asile constitutionnel. Les personnes qui ont dû fuir leur pays parce qu'ils étaient maltraités ou leur vie était en danger reçoivent le droit d'asile territorial.
- Les 'sans-papiers': ils doivent maintenant attendre deux ans pour régulariser leurs papiers mais, en attendant, le gouvernement leur fournit des cartes de séjours provisoires.
- Le regroupement familial: jusqu'à maintenant, les étrangers pouvaient rejoindre leur famille en France sous la condition pour la famille d'accueil d'avoir un revenu financier minimum. Le niveau de ce revenu a été abaissé.

Il est évident que le contrôle sur l'immigration s'est intensifié ces dernières années en France, mais quelles sont les raisons pour cette initiative?

3 Le racisme

On parle plus de xénophobie que de racisme, bien que les crimes racistes arrivent trop souvent – violence et intimidation, refus d'inscrire des enfants étrangers dans des écoles françaises.

Qu'est-ce qu'est la xénophobie? C'est la peur de tout ce qui est étranger. Certains Français ont particulièrement du mal à accepter les maghrébins mais ils ont aussi tendance à craindre tout ce qui est étranger par protectionnisme. Par conséquent, il existe un rejet d'acceptance et vice-versa – l'immigré qui se sent rejeté, refuse donc de s'intégrer. C'est une haine constante et mutuelle.

Ces Français là ont choisi les étrangers comme 'bouc-émissaires', responsables de leurs problèmes économiques (le chômage). Ils disent que les immigrés prennent leurs emplois – cependant les immigrés acceptent les travaux que la plupart des Français refusent de faire. Ils disent aussi qu'ils sont coupables du taux plus élevé de criminalité. Souvent, les immigrés se retrouvent à vivre dans des quartiers défavorisés (souvent à cause d'un travail mal payé).

Les papiers = les papiers administratifs

Le protectionnisme: système douanier (customs) protecteur

Un bouc émissaire = a scapegoat

Le parti politique de l'extrême droite

Le Front National, mené par Jean-Marie Le Pen, profite de ce sentiment de 'ras-le-bol' de certains Français. Dans les années 80, il fait tout son possible pour 'se débarrasser' des immigrés. Il a dit: '800 immigrés de plus par jour, 100 000 crimes et délits par jour'. Le Pen n'a pas peur d'utiliser un vocabulaire violent et raciste. Son influence se répand chez des Français qui donnent leur opinion raciste ouvertement. Par conséquent, Le Pen a commencé à obtenir plus de voix (électorales) – dans les années 90, avec 52% des voix, la ville de Vitrolles devient la 4ème mairie du Front National. Le Sud de la France est particulièrement touché par la progression de l'extrême droite.

Bien que les autres partis aient renforcé les mesures contre l'immigration, ils veulent essayer d'arrêter Monsieur Le Pen de devenir trop populaire.

4 Les mouvements contre la montée du racisme

Plusieurs individus ont essayé de limiter les dégâts que provoque un fléau comme le racisme, en essayant d'éduquer les gens et surtout les jeunes.

* Harlem Désir, ancien président de SOS Racisme (avec la main symbolique et les mots 'Touche pas à mon pote')
* Le réalisateur Matthieu Kassowitz qui a réalisé le film *La Haine* et plus récemment en 1994 *L'Hexagone* – histoire de jeunes Beurs qui vivent dans la banlieue nord de Paris
* L'écrivain Tahar Ben Jelloum (Prix Goncourt 87), un Marocain qui a écrit récemment *Le racisme expliqué à ma fille*.

Ces personnes veulent dire aux jeunes qu'il est temps de réagir. Ce ne sont pas seulement des intellectuels qui ont essayé de lancer un message. Des vedettes, tels que des sportifs, ont aussi joué un rôle très important dans la lutte contre le racisme. Prenez simplement l'exemple de la Coupe du Monde en 1998 quand Zidane est devenu si populaire.

> En avoir ras-le-bol = en avoir assez

> Le Sud de la France a une forte concentration d'Algériens

> Mon pote = mon meilleur ami

> Un Beur : a person born in France of North African immigrant parents

Grammar: direct and indirect pronouns

A direct or indirect object pronoun replaces a noun in a sentence. The noun can be a person, a thing or a place.

5 Direct object pronouns

Direct object pronouns are: *me, te, le, la, nous, vous, les*. The past participle agrees with the object if the direct object pronoun is before the auxiliary.
Examples:
il me regarde but *il m'a regardé(e)*
il te regarde but *il t'a regardé(e)*
il le regarde but *il l'a regardé*
il la regarde but *il l'a regardée*
il nous regarde but *il nous a regardé(e)s*
il vous regarde but *il vous a regardé(e)s*
ils les regarde but *il les a regardé(e)s*

How do you know when you should be using a direct object pronoun? It's easy – there is no preposition between the verb and the noun.
Example: *Il regarde la jeune fille.*

6 Indirect object pronouns

Indirect object pronouns are: *me, te, lui, nous, vous, leur*. Here the past participle does not agree with the object.
Examples:
il me téléphone but *il m'a téléphoné*
il te téléphone but *il t'a téléphoné*
il lui téléphone but *il lui a téléphoné*
il nous téléphone but *il nous a téléphoné*
il vous téléphone but *il vous a téléphoné*
il leur téléphone but *il leur a téléphoné*

How do you know when you should be using an indirect object pronoun? Indirect object pronouns replace nouns referring to people and there is a preposition between the verb and the noun – *à* or *de*.
Examples:
il obéit à son père – *il lui obéit*
il parle à sa mère – *il lui parle*

Note : *lui* replaces masculine and feminine nouns.

7 The indirect object pronoun *y*

Y replaces *à, au, à la, à l', aux* and the noun following these prepositions only when the noun is a place or a thing.

Examples:

je vais à Paris – j'y vais — (go there   (j'y suis allé)

je pense à la maison de mes rêves – j'y pense

If *y* is used before an auxiliary, the past participle does not agree. (nous y sommes allé)   *auxiliary*

8 The indirect object pronoun *en*

En replaces *des, du, de la, de l', des* and the noun following these prepositions only when the noun is a place or a thing.   *PP*

Examples:

je mange du pain – j'en mange

je viens de Paris – j'en viens

En also replaces the above prepositions and a noun referring to a quantity of things or people.

Examples:

je bois un café – j'en bois un

j'observe deux poissons – j'en observe deux

En also replaces a noun preceded by a verb or expression with *de.*

Examples:

je parle de la fille – j'en parle (parler de quelqu'un)

j'ai peur du chien – j'en ai peur (avoir peur de quelque chose)

If *en* is used before an auxiliary, the past participle does not agree.

In the near future tense, direct and indirect object pronouns are between the verb *aller* and the infinitive.

Example:

je vais boire un café – je vais en boire un

aller   inf.

il allons nous téléphoner
aller   infinitive

Have you improved?

Immigration et racisme

Ecoutez l'extrait numéro 5 du CD sur le racisme, puis complétez chaque blanc dans le résumé suivant avec un mot ou une expression qui montre que vous avez bien compris l'enregistrement.

Une femme française de 44 ans a été _____ (1) au mois d'octobre dernier par un _____ (2) Algérien. Il avait essayé de la _____ (3). Jean Marie Le Pen a utilisé ce _____ (4) comme une _____ (5) pour traiter du problème d'_____ (6). Ce crime est arrivé dans le _____ (7) de la France où le Front National a _____ (8) une _____ (9). Le Pen a choisi une _____ (10) symbolique, le 11 novembre qui _____ (11) la commémoration des morts de la _____ (12). Le Pen compare l'invasion germanique à l'invasion _____ (13). En choisissant la ville d'Avignon, il a fait _____ (14) à la tradition et à la chrétienté. En effet Avignon est l'_____ (15) cité des Papes.

> *Look for l' – it should be followed by a noun starting with a vowel or h*

Grammar: direct and indirect pronouns

Remplacez le nom souligné avec le pronom d'objet direct ou indirect qui convient.

1 J'offre un bouquet de fleurs <u>à ma mère</u>.

2 Il a téléphoné <u>à ses amis</u>.

3 Les étudiants ont admiré <u>le tableau</u>.

4 Je viens <u>du collège</u>.

5 Nous avons honte <u>de nos vêtements</u>.

6 Je pense <u>à la mélodie</u>.

7 Elle va consulter <u>les pages jaunes</u> de l'annuaire.

8 J'ai discuté <u>de cette dissertation</u>.

9 Il a bien observé <u>la jeune fille</u>.

10 Vous avez acheté <u>dix roses</u>.

How much do you know?

La culture et les arts

1 a) Qu'est-ce-que la Francophonie?
   b) Qu'est-ce-que les 'dom-tom'?

2 a) Où est le Centre Beaubourg?
   b) Qu'est-ce-que le Centre Pompidou (ou Beaubourg) et la Tour Eiffel avaient en commun au début de leur construction?
   c) Nommez quatre catégories de festivals qui existent en France?
   d) Qu'est-ce-que Le Petit Prince de St Exupéry?
   e) Qui est Bernard Pivot?
   f) Qu'est-ce-que Goncourt, Médicis, Renaudot et Fémina?
   g) Qu'est-ce-que les Français aiment particulièrement lire? Les _____ _____.

3 a) Quel est l'autre nom donné au cinéma Français?
   b) Qui est le doyen du cinéma Français?
   c) Qui sont Jean Gabin, Yves Montand et Simone Signoret?
   d) Qui est Chabrol?
   e) Quand a commencé la crise du cinéma?
   f) Qu'est-ce-que le CNC?
   g) Qu'est-ce-que l'AMI?

Grammar: adjectives and adverbs

4 Adjectives: a) Give the feminine for the following masculine adjectives:
   gentil, doux, pareil, agréable, heureux, fou, nouveau.
   b) Give the plural of the following masculine singular adjectives:
   frais, heureux, beau, sentimental.
   c) Does the adjective *marron* agree with the noun?
   d) Translate these two phrases: *sa propre maison, sa maison propre.*

5 Adverbs: a) What is the most common ending of an adverb?
   b) Is the adverb most commonly placed before or after the verb?

If you got them all right, skip to page 73

Listening: Completing Sentences/ Adjectives and Adverbs

Learn the key facts

La culture et les arts

1 La Francophonie

La Francophonie représente l'ensemble des pays où la langue française est parlée officiellement. Il s'agit aussi d'un mouvement qui regroupe ces pays sur le plan culturel et technique. Pour les français, la Francophonie est importante parce qu'elle maintient la langue française, symbole de la culture française.

Le français est parlé dans 40 pays:

- des pays Européens: la Belgique, la Suisse, le Luxembourg;
- des principautés: Andorre, Monaco et par des habitants du Val d'Aoste (en Italie du Nord);
- le Maroc, la Tunisie, l'Algérie (la langue officielle est l'Arabe mais le français est utilisé dans l'administration, le commerce et les relations extérieures);
- la Côte d'Ivoire, le Sénégal, le Cameroun;
- le Laos, le Vietnam, le Cambodge;
- le Pondichéri – une petite communauté de l'Inde;
- le Québec (où ils ont lutté pour garder la langue française, 'Ici on parle français').

La France posséde aussi les 'dom-tom' qui sont des départements et des territoires d'outre-mer (au-delà de la mer, lointaine).

Les plus connus sont La Guadeloupe, la Martinique, la Guyane, la Réunion, St Pierre et Miquelon, ainsi que La Nouvelle Calédonie et la Polynésie française.

La langue française tient une place importante avec l'anglais à l'ONU (l'Organisation des Nations Unis). Après l'anglais, elle est considérée comme la deuxième langue internationale. Sa prospérité a commencé au 16ème siècle avec le début de la colonisation. Malgré tout, la langue française est sans cesse menacée par la présence de la langue anglaise, et avec l'influence des Etats-Unis. Les Français essaient de la protéger à tout prix. Par exemple, en 1993, s'est déroulé le 'Sommet de la Francophonie' pendant lequel le Président de la France a fait appel à l'invasion culturelle Anglo-Saxonne. Il ne faut pas oublier que les Français sont très attachés à leur culture et à leur langue, que représente Molière (l'équivalent de Shakespeare). Ils ont même un ministère de la culture.

2 La culture et les arts

En effet, il existe en France un ministère de la culture qui s'assure que non seulement le patrimoine national soit préservé mais aussi qu'il y ait des développements et des initiatives constants. Le gouvernement garde un fond monétaire spécial à la culture et aux arts. Jack Lang (socialiste) était le premier ministre de la culture dans les années 80.

> *Une principauté: c'est un état dont le chef a le titre de Prince – la Principauté de Monaco et le Prince Rainier.*

> *Molière (1622-1673): auteur comique et acteur français*

Les endroits culturels et artistiques à Paris

Ils sont nombreux avec récemment la construction de la plus grande bibliothèque du monde. En 1977, le Président de la République Valéry Giscard D'Estaing a inauguré le centre Beaubourg, appelé aussi Centre Pompidou, nom de l'ancien Président qui y avait pensé. Il s'agit d'un centre national d'art et de culture, qui à ce moment-là, représentait la plus grande bibliothèque et médiathèque de France.

A cause de son apparence très moderne (fait de tuyaux) et l'endroit de sa construction (en plein coeur historique de la Capitale), le Centre Pompidou était peu populaire, tout comme la Tour Eiffel à son invention. Il est maintenant très visité, offrant des activités multiples sur sa place. Il contient une bibliothèque, une médiathèque, un musée d'art moderne, un centre de créations industrielles, un institut de recherches musicales et acoustiques et un atelier pour les enfants. Il est le symbole du renouveau culturel!

Bien sûr, ce n'est pas la seule création culturelle parisienne. N'oublions surtout pas:
- le Grand Louvre (musée d'art) et la construction de la Pyramide du Louvre;
- Le musée d'Orsay qui aussi en 1977 a été ouvert par Valéry Giscard D'Estaing (c'était à l'origine une gare).

Il existe bien sûr beaucoup d'autres endroits culturels et artistiques à Paris.

En province

La province n'a pas été épargnée et de nombreuses villes offrent des visites de musées intéressantes ainsi qu'un accueil des 'maisons de la culture'.

Plus récemment, se sont aussi ouverts des centres comme le Futuroscope à Poitiers et le musée du Tunnel sous la Manche dans le Nord de la France. La Bretagne particulièrement ouvre les portes de ses musées de la mer. Le reste de la France a le privilège de participer à des festivals divers: au mois de juin commence la fête de la musique dans toutes les villes de France (pour célébrer l'arrivée de l'été). Autrement, il est aussi possible de se rendre au festival d'Avignon (pour le théatre), au festival de Cannes (pour rencontrer les vedettes internationales du 'show-business'), au festival de Luchon (aussi un festival du film international) et à la fête de la vigne en Bourgogne au mois de septembre (pour célébrer le vin!). La liste est infinie.

La lecture et les français

Certains français préfèrent se consacrer plus à la lecture des romans qu'à la télévision et les enfants sont encouragés à lire à partir d'un très jeune âge. Un livre que chaque enfant français doit avoir lu est *Le Petit Prince* de St Exupéry – l'histoire d'un petit garçon qui visite plusieurs planètes differentes.

La télévision offre des programmes basés sur la lecture comme *Apostrophes*, présenté par Bernard Pivot. Ce même présentateur donne chaque année une dictée (très compliquée!) en direct à la télévision et la France entière peut y participer. Le français fait attention à l'orthographe des mots – il respecte sa langue. On peut dire que la plupart des foyers français possèdent un dictionnaire.

A un plus haut niveau, la France offre plusieurs prix littéraires. Les plus connus sont les Prix Goncourt, Médicis, Renaudot et Fémina.

Les écrivains français aiment écrire pour s'engager et souvent leurs romans font l'interprétation d'un film comme:

- *Germinal* écrit par Emile Zola, histoire basée sur les conditions de travail dans les mines au début du 20ème siècle
- *Cyrano de Bergerac*, écrivain burlesque du 17ème siècle et le héros d'une pièce de théâtre écrite par Edmond Rostand (interprété récemment à l'écran par Gérard Depardieu)
- *La Gloire de mon Père*, *Manon des Sources* et *Jean de Florette*, écrit par Marcel Pagnol.

Les Français ont aussi une passion incontestée pour la BD – la bande dessinée. Elle fait partie de la culture française et est favorisée dans l'éducation des enfants. Il s'ouvre même dans la ville d'Angoulême le 'Salon de la Bande Dessinée'. *Astérix* est un exemple typique!

3 Le cinéma français

Le cinéma a été créé par les frères Lumière, d'origine française. Le film français est souvent tiré d'un roman, classique ou non, et a tendance à exprimer des sentiments profonds, souvent cachés, de façon à faire passer un message. Il peut apparaitre 'compliqué' aux yeux du spectateur étranger. Il est appelé 'le septième art'.

Le metteur en scène Jean Renoir (fils du peintre Jean-Auguste Renoir) est le doyen du cinéma français, avec l'apparition d'acteurs comme Jean Gabin – une légende du cinéma d'entre guerre et un des premiers acteurs à incarner le rôle de Jean Valjean dans *Les Misérables* (écrit par Victor Hugo).

Pendant la période des deux guerres et aussi dans les années 50 et 60, des 'stars' sont apparus, comme Yves Montand, Simone Signoret, Jean Paul Belmondo, Alain Delon et Brigitte Bardot. Plus récemment, dans les années 90, il y a eu des 'vedettes' comme Gerard Depardieu ou Isabelle Adjani.

Naturellement, les metteurs en scène jouent un rôle important et, entre 1958 et 1962, il s'est produit en France un phénomène cinématographique appelé 'La Nouvelle Vague', c'est à dire l'arrivée de nouveaux metteurs en scène, avec des idées différentes.

Ils ont créé un cinéma plus 'dur', plus profond avec des scènes authentiques (à l'extérieur) et surtout accompagnées d'innovations techniques. Ils étaient principalement Jean-Paul Godard, Claude Chabrol, Louis Malle et François Truffaut.

Par exemple, Claude Chabrol a mis en scène *La Gloire de mon Père*, basé sur le roman de Marcel Pagnol, ainsi que *Madame Bovary* écrit par Gustave Flaubert.

Le cinéma français est entré dans une période difficile dans les années 60. En effet, c'est à cette époque que la télévision a prospéré dans les familles françaises et elle est devenue une menace pour le 'grand écran'. La situation a empiré avec l'apparition des satellites, cables, vidéos et chaînes privées dans les années 80 et 90.

S'engager = to take a stand

Une bande dessinée = comic strip

Un salon = (in this context) exhibition

Les frères Lumière: Louis Lumière (1864-1948) et son frère Auguste (1862-1954).

Un metteur en scène = film director

Les autres facteurs qui ont contribué à cette crise ont été la taxation fiscale et par conséquent le coût élevé du billet d'entrée. Une famille de quatre personnes ne pouvait plus se permettre de sortir au cinéma.

Pourtant, depuis le début de la crise financière, la situation s'est améliorée pour les réalisateurs, surtout pour les débutants, grâce à l'arrivée des 'fonds publics d'aide au cinéma', une initiative lancée par le gouvernement. Mais d'où vient l'argent? De la taxe prise quand on achète un billet de cinéma.

Donc, si un jeune réalisateur veut monter et tourner un film ou un court-métrage, mais il n'a pas suffisamment d'argent, il peut faire appel au CNC (Centre National Cinématographique) qui lui 'avancera' l'argent (comme un emprunt). C'est grâce à ce système que le cinéma français s'est rétabli et a pu se développer.

Un court-métrage = a short film

Tourner un film = to shoot a film

Malheureusement, il a dû faire face à une autre menace: l'AMI. Jack Lang a proclamé, 'L'AMI c'est l'ennemi!'. Alors qu'est-ce que l'AMI?

C'est l'Accord Multilatéral sur les Investissements, c'est à dire que tous les pays du monde doivent mettre en commun leurs fonds monétaires pour développer l'art et la culture. La France a craint pour son avenir cinématographique (comme elle se débrouille bien dans ce domaine), et elle a refusé de s'y soumettre! En effet, la France a ses propres aides financières pour le cinéma et le fait de partager avec d'autres pays signifie moins d'opportunités pour les cinéastes français.

Encore une fois, la culture française essaye de mettre fin à la compétition américaine.

Grammar: adjectives and adverbs

4 Adjectives

The feminine form of regular adjectives:

Masculine	Feminine
the majority of adjectives: grand	add e: grande
ending with a vowel: joli ending with r or l: dur, égal ending with a mute e: facile	add e: jolie add e: dure, égale no change: facile
ending in el, eil, il, en, on, et, s: gentil, pareil	double the final consonant and add e: gentille, pareille
some adjectives ending in et: discret	ète with a grave accent: discrète
adjectives ending in er: familier	ère with a grave accent: familière
adjectives ending in x: jaloux except: doux, roux, faux	drop x and add se: jalouse drop x and add ce/sse: douce, rousse, fausse
adjectives ending in eur: menteur there is a list of exceptions: e.g. meilleur	euse: menteuse (if derived from a verb it should be rice: actrice) meilleure
adjectives ending in f: actif	drop f and add ve: active (bref/brève)
ending in c	che: franche (sec/sèche)

The feminine form of irregular adjectives:

Masculine	Feminine
long	longue
favori	favorite
malin	maligne
frais	fraîche

But:

Masculine	Masculine (before a noun starting with a vowel or h)	Feminine
beau	bel	belle
nouveau	nouvel	nouvelle
vieux	vieil	vieille
fou	fol	folle
mou	mol	molle

The plural form of adjectives:

Singular	Plural
the majority of adjectives: petit, heureux	add s or x: petits, heureux
adjectives ending in eu, eau: hébreu, beau exception: bleu	add eux or eaux: hébreux, beaux bleus
adjectives ending in al: légal exceptions: banal, fatal, final, natal, naval	add aux: légaux banals

Adjectives of colour

They normally agree with the noun except:
* if it is a compound: *des yeux bleu foncé*
* if it can also be a noun: *marron, orange*

The position of adjectives

They are usually placed after the noun.
> Example: *un homme intéressant.*

Some short adjectives tend to be placed before the noun.
> Examples: *jeune, même, haut, vrai.*

Other adjectives end up with a different meaning when used before and after the noun.
Example:
l'ancienne maison (the former house)
la maison ancienne (the old house)

For more examples, refer to your grammar textbook.

5 Adverbs

Most adverbs end with *ment*. To form these adverbs, you must know the feminine version of the masculine adjective.

Example: *doux, douce, doucement.*

Other endings:

Adjectives	Adverbs
masculine adjectives ending with a vowel, e.g. vrai: do not consider the feminine version	ment: vraiment
feminine adjectives: adjectives ending in a mute e: profonde	ément: profondément
adjectives ending in ent and ant évident, puissant	emmemt, amment: évidemment, puissamment

Some adverbs are of course irregular.

Examples:
bien – mal
peu – mieux moins

The position of adverbs

Usually, adverbs follow the verb

Example: *Il parle couramment le français.*

But their position in the sentence changes if the adverb is short, common or of manner or if the adverb is in a sentence with a compound tense.

Example: *Je suis vite parti.*

Have you improved?

La culture et les arts

'Le Festival de Luchon: le palmarès de la passion'

Ecoutez l'extrait numéro 6 du CD et complétez les phrases 1 à 12 en choisissant entre les phrases A à O. Ecrivez la lettre de la phrase choisie.

Attention, il y a plus de lettres que de numéros!

1 Le festival de Luchon a regroupé ___

2 Le festival a présenté de ___

3 Il s'est déroulé ___

4 Il s'agissait, dans ce festival ,du ___

5 Le Prix du public, *La Petite Absente,* est ___

6 'La Petite Absente' sera à ___

7 La presse a choisi *Anna en Corse* en tant que ___

8 Il y a eu aussi deux autres prix importants qui sont ___

9 Francis Cabrel a reçu ___

10 Christian Cappe, le délégué général du festival, souhaite ___

11 A la fin du festival, le directeur de la fiction TF1 a présenté le film *Bérénice* avec ___

12 Ils n'ont pas encore décidé quand ___

A) ...au mois de février
B) ...la télévision sur la deuxième chaîne
C) ...professionnels du 'show-business'
D) ...les prix d'interprétation féminin, masculin
E) ...thème de la comédie
F) ...thème de l'amour
G) ...nombreux spectacles
H) ...du 9 au 20 février
I) ...la plus belle histoire de la télévision
J) ...trois autres acteurs
K) ...le meilleur clip musical
L) ...la télévision sur TF1
M) ...une histoire d'amour profonde
N) ...Bérénice sera diffusée à la télévision
O) ...donner une priorité aux clips musicaux

Grammar: adjectives and adverbs

Changez les adjectifs en adverbes:

1) étonnant
2) intelligent
3) formidable
4) égal
5) puissant

6) ancien
7) vrai
8) merveilleux
9) énorme
10) évident

Listening: True and False/ The Imperative

How much do you know?

Le monde du travail

1 a) Dans le monde du travail, il existe les classes socio-_____, les _____ et les _____.

b) Qu'est-ce-que l'accord de Grenelle?

c) Qu'est-ce-que la CFDT, la FO et la CGT?

d) Qu'est-ce-que l'on célèbre le premier mai?

2 a) Qui sont les SDF en France?

b) Quelles sont les deux catégories d'âge les plus touchées par le chômage en France?

c) Quand les français sont au chômage, ils vont à l'_____ pour chercher un emploi.

3 a) Qu'est-ce-que le SMIC?

b) Quand s'est dégradé le chômage en France?

c) Qu'est-ce-que le TUC, le CES, le SIVP et le RMI ont en commun?

d) Qu'est-ce-que les ONG?

e) Quelle sorte de syndicat a été créé dans les années 80 pour aider les chômeurs?

4 a) En quelle année ont commencé les discussions sur la semaine de 35 heures?

b) Quand est-ce-que la semaine de 35 heures est devenue légale?

c) Quelle sorte de travailleurs sont contre la semaine de 35 heures?

Grammar: the imperative

5 What are the three persons used in the imperative?

6 If the imperative is affirmative, should object pronouns be placed before or after the imperative verb?

7 If the imperative is negative, should object pronouns be placed before or after the imperative verb?

Answers

If you got them all right, skip to page 80

Learn the key facts

Le monde du travail

1 Les classes sociales sont divisées de la façon suivante:

- les agriculteurs (exploitants);
- les artisans, commerçants et chefs d'entreprises;
- les cadres et professions intellectuelles supérieures;
- les professions intermédiaires;
- les employés;
- les ouvriers qualifiés et non qualifiés.

Ce sont les classes socio-professionnelles.

D'un autre côté, est présent le patronat (le groupe des patrons d'une entreprise). En France, il se nomme le CNPF (Conseil National du Patronat Français).

Le troisième groupe qui fait partie du monde du travail est le syndicat. Les syndicats ont été créés avec l'époque de mai 1968 quand les usines se sont mises en grève, après les étudiants, pour manifester contre le gouvernement. Ils revendiquaient de meilleures conditions de travail et une augmentation des salaires.

Le 20 mai 1968, 10 millions de salariés avaient cessé le travail. A ce moment là le gouvernement de droite (le premier ministre était Pompidou) a dû négocier avec les syndicats et les patronats, par peur de paralysie de l'économie. C'est l'accord de Grenelle (le 27 mai 1968).

Les trois syndicats principaux étaient:

- la CFDT: la Confédération Française de Travail
- la FO: la Force Ouvrière
- la CGT: la Confédération Générale de Travail.

De nos jours ces syndicats existent toujours avec en plus:

- la CFTC: la Confédération Française des Travailleurs Chrétiens
- la CGC: la Confédération Générale des Cadres.

Maintenant, les français célèbrent le premier mai, qui est la fête du travail. Ce jour là, personne n'est supposé travailler.

En 1982, la semaine de travail est passée à 39 heures et l'âge de la retraite a été abaissé à 60 ans. Les Français bénéficient aussi d'une sécurité sociale et d'une assurance-chômage. Malgré la prospérité des syndicats et leur progression après les événements de mai 1968, il y a eu une crise depuis les années 70 avec une minorité de français inscrit avec un syndicat.

Un syndicat = trade union

DAY 7

2 La situation du chômage et la pauvreté en France

L'hiver 1984 a été une saison très rigoureuse pour la population désavantagée de la France appelée les 'sans-abris' ou SDF (sans domicile fixe). Cette période a fait prendre conscience au reste du pays et au gouvernement, d'un besoin d'aide pour ralentir la progression de cette 'nouvelle pauvreté'.

En effet, comme dans beaucoup d'autres pays, la France n'est pas épargnée par le fléau du chômage, qui a commencé à augmenter dans les années 70. Toutes les classes sociales sont touchées mais particulièrement les jeunes de 16 à 25 ans, appelés plus souvent des demandeurs d'emplois, et les personnes entre 40 et 50 ans, les chômeurs. Quelle est la différence entre un demandeur d'emploi et un chômeur?

- Un demandeur d'emploi veut dire une personne qui cherche son premier emploi.
- Un chômeur veut dire une personne qui a perdu son emploi, par exemple, par la suite d'un licenciement.

Etre licencié = to be made redundant

Quelles aides reçoivent ils? Premièrement, ils doivent s'inscrire à l'ANPE (l'Agence Nationale Pour l'Emploi). Ensuite ils reçoivent une allocation de chômage des ASSEDICS (organismes payants les indemnités de chômage). Après un an (quand ils sont appelés des chômeurs de longue durée), on leur donne les minima-sociaux, c'est à dire:

Un licenciement = redundancy

- l'AUD (allocation unique dégressive);
- l'ASS (allocation spécifique de solidarité).

Si la personne au chômage a plus de 25 ans, elle obtient le RMI (revenu minimum d'insertion).

3 La situation des jeunes travailleurs

Les jeunes français doivent avoir plus de 16 ans pour pouvoir signer un contrat de travail mais une visite médicale est obligatoire et ils n'ont pas le droit de travailler entre 22 heures et 6 heures du matin. Ils ne sont pas autorisés à effectuer des travaux dangereux et insalubres. Au niveau salaire, ils reçoivent un minimum de 80% du SMIC jusqu'à l'âge de 17 ans. Le SMIC est le salaire minimum. Celui-ci augmente à 90% du SMIC jusqu'à 18 ans et à partir de 18 ans, ils peuvent toucher le SMIC.

Cependant, bien que les jeunes puissent travailler à partir de 16 ans (âge obligatoire scolaire), la plupart décident de continuer leurs études parce que même les diplomés universitaires ont des difficultés à trouver un emploi. En effet, la situation des jeunes au chômage s'est dégradée depuis les années 90. Ils sont trois fois plus nombreux à être au chômage que le groupe des 25–49 ans – on parle de l'appauvrissement des jeunes.

Alors que fait le gouvernement pour combattre ce problème?

Après la création des TUC (Travaux d'Utilité Collectifs), le gouvernement français a pris diverses mesures pour lutter contre le chômage des jeunes mais aussi pour cacher le véritable chiffre des personnes sans emploi. En effet, les solutions trouvées ne sont que de courtes durées et ne règlent pas vraiment le problème du chômage.

Dans les années 80, les CES (Contrat Emploi Solidarité) ont été très populaires. Ce sont des contrats de travail à durée déterminée, payés 2100 francs net.

* Les SIVP (Stage d'Initiation à la Vie Professionnelle).
* Les 'emplois-jeunes' qui remplacent les CES (1997). Ces emplois qui semblent être plus populaires sont rémunérés par l'état au SMIC pour une durée de 5 ans.
* Le RMI est une sorte d'aide, accordée seulement au plus de 25 ans ou si la personne a un enfant à charge. Il paye juste au-dessus de 2000 francs. Le côté négatif de ces aides est qu'elles offrent seulement des 'petits boulots', des emplois précaires, à courte durée.

Le travail à temps partiel représente une autre alternative considérée par les entreprises depuis les années 90, avec le partage du travail.

Les ONG (Organisations Non Gouvernementales) – heureusement que ces organisations existent parce qu'elles jouent un rôle important dans l'aide à la pauvreté. Les SDF eux-mêmes, comme en Angleterre, essaient de survivre en vendant l'équivalent du *Big Issue*, avec des journaux intitulés:

* *Le Macadam;*
* *Le Réverbère;*
* *L'Itinérant;*
* *La Rue.*

Les autres associations sont en général bénévoles:

* l'Armée du Salut (où les SDF peuvent manger, boire et dormir);
* les Restos du Coeur (ouverts l'hiver et créés en 1985 par Coluche, acteur français décédé peu de temps après leur création);
* le Secours Populaire Français;
* le Secours Catholique.

Des organisations comme Médecins du Monde et Médecins sans Frontières qui ont réalisé l'étendue de la pauvreté en France se tournent vers ses habitants et pas uniquement vers les pays du Tiers Monde.

Né au début des années 80, il existe maintenant un mouvement des chômeurs – le Syndicat des Chômeurs. Il revendique leurs droits. En 1994, AC (Agir contre le Chômage) a organisé une manifestation pour obtenir de meilleures indemnisations. En effet, si on perd son emploi en France, on perd ses droits comme par exemple le droit de se syndiquer (exception – fin 70 la CGT a créé des comités locaux de 'privés d'emplois').

Un salaire brut:
gross pay
Un salaire net:
take-home pay

Un emploi précaire
= no job security

4 La semaine de 35 heures

Les discussions concernant la semaine de 35 heures entre le gouvernement, les patronats et les syndicats ont commencé en 1998. Elles ont abouti à une décision positive le premier février 2000. En fait cette lutte a vraiment débuté en 1994 avec la CFDT (syndicat à l'origine de cette loi). Entre temps, il y a eu beaucoup de tensions entre le gouvernement et la CNPF, qui était contre cette mesure.

Alors quelles sont les conditions de la semaine de 35 heures pour les entreprises française?

La durée légale de travail est passée à 35 heures pour les entreprises de plus de 20 employés. Pour les PME – petites et moyennes entreprises (employant moins de 20 employés) – le gouvernement leur a donné jusqu'à l'an 2002 pour s'y soumettre. Mais des questions se posent: qui va en profiter? Les Français? Apparemment, ça va coûter très cher et les Français (les contribuables) vont payer. Beaucoup sont contre cette décision mais il semble que les Français soient plus intéressés par le montant de temps libre qu'ils reçoivent que la somme d'argent. De même, les PME qui sont souvent en compétition avec le reste du monde ne sont pas en faveur de la semaine de 35 heures. Ceux qui se sentent les plus défavorisés sont les travailleurs qui aiment faire des heures supplémentaires (e.g. les routiers). Ils craignent de perdre l'argent qu'ils gagnent en plus.

La semaine de 35 heures a donc provoqué un conflit social avec des avis partagés. C'est ce qui explique les grèves récentes à Paris et en province.

Par contre l'état est prêt à aider les entreprises financièrement et donc à les subventionner de façon à leur faire accepter la semaine de 35 heures. Il pense que, en incitant les compagnies à créér plus d'emplois avec moins d'heures, il trouvera une solution à la crise du chômage.

Jusqu'à maintenant, 14% du secteur privé seulement (de plus de 20 employés) ont conclu un accord.

Un contribuable = tax payer

Faire des heures supplémentaires = to work overtime

Subventionner = to grant funds to, to subsidize

Grammar: the imperative

5 The imperative is easy to learn as only three persons are needed for its formation – *tu, nous* and *vous*. It follows the pattern of the present tense with *tu, nous* and *vous*. The exception is when using the *tu* form with verbs ending in *er*, the *s* is dropped.

Example: *mange* (eat!).

The particularity of the imperative is that the person (tu, nous, vous) is not shown with the verb.

Example: *mangez* (eat!).

	ER	IR	RE
TU	mange	finis	attends
NOUS	mangeons	finissons	attendons
VOUS	mangez	mangez	attendez

Note: *mangeons* = let's eat!

Note:
avoir: aie, ayons, ayez
être: sois, soyons, soyez
aller: va, allons, allez
savoir: sache, sachons, sachez

The negative form of the imperative is (for example):
Ne mange pas.
Ne finissons pas.
N'attendez pas.

6 The imperative and the object pronoun (affirmative)

If you address someone directly in order to ask this person to do something, you should make sure that the object pronoun is after the verb.

Examples:
Regarde-le!
Attends-moi!
Allez-y! (Note: *Vas-y!*)

You should always add the hyphen. When *me* and *te* are after the verb, they become *moi* and *toi.*

The imperative and the object pronoun (negative)

In this case, the object pronoun must come before the verb.

Examples:
Ne le regarde pas!
Ne m'attends pas!
N'y allez pas!

DAY

7

Have you improved?

Le monde du travail

'La galère des jeunes diplomés'

Ecoutez l'extrait numéro 7 du CD sur le chômage et les jeunes en France. Indiquez si les phrases suivantes sont vraies ou fausses selon le passage, en cochant la bonne case.

	Vrai	*Faux*
a) Plus de la moitié des jeunes français ont trouvé un travail un an avant d'obtenir leur diplôme.	❐	❐
b) La plupart des jeunes travaillent dans le secteur privé.	❐	❐
c) 29% travaillent dans le secteur public.	❐	❐
d) Un sur trois obtient un contrat indéterminé.	❐	❐
e) Le CES est un emploi payé par l'Etat.	❐	❐
f) Il est facile après un petit boulot de trouver un travail permanent.	❐	❐
g) 43% des jeunes diplomés gagnent au moins 8500 francs par mois.	❐	❐
h) Il vaut mieux étudier le plus longtemps possible.	❐	❐

> Listen to numbers and figures as often as you can

> Some of the answers are obvious!

Grammar: the imperative

Ecrivez l'impératif.

1 descendre l'escalier (vous)

2 partir directement (tu)

3 choisir un menu (nous)

4 prendre la voiture (tu)

5 avoir le choix (nous)

Changez les phrases positives en phrases négatives.

6 regarde-moi

7 vas-y

8 finissons-en

9 oubliez-les

10 soigne-toi

Passage 1

Lisez l'article 'les cités se calment mais les écoles s'embrasent'.
Répondez en français aux questions suivantes.

> *'Les cités se calment, mais les écoles s'embrasent'*
> *Cocktail Molotov, viol, racket … Les lycées prennent la tête du palmarés de la violence dans la cité.*
> *Puisque c'est bien vu de caillasser des flics, pourquoi ne pas traiter de la même façon, à l'école, les profs ou les bons élèves? Pour que l'on prenne conscience du fléau, il a fallu que des élèves du lycée professionnel de Longwy s'en prennent à l'un des leurs. Pendant des mois, trois jeunes de 17 ans ont racketté et torturé un de leurs camarades (coups de poing, gifles et brûlures de cigarette). Du coup, le collège Sévigné de Roubaix, qui entamait dans l'indifférence générale sa seconde semaine de grève pour protester contre la violence de ses élèves et réclamer la création de postes de surveillants, s'est retrouvé sur l'agenda de Ségolène Royal et à la une des journaux. A Montpellier, ce sont les parents d'élèves d'un collège qui ont fait grève, en refusant d'envoyer leurs enfants à l'école, par suite du climat d'aggressivité. A quelques kilomètres de là, le principal d'un collège s'est fait agresser, en pleine cour de récréation, par un homme qui s'y était introduit sans autorisation. A Toulouse, une lycéenne a déposé plainte pour viol. Un viol qui avait eu lieu … dans les toilettes du lycée! A Nice, un conseiller d'éducation qui s'était opposé à ce qu'une personne extérieure à son collège pénètre dans la cour a atterri à l'hôpital. A Bondy, le collège Jean-Zay s'est, lui aussi, mis en grève après qu'un élève a jeté dans le hall … un cocktail Molotov à base d'acide chlorhydrique. Et ce, pour la cinquième fois de l'année ! La palme revient à Mantes-la-Jolie, où trois élèves de 3e ont jeté un 'petit' de 6e du haut d'un escalier … parce qu'il refusait de leur faire leurs devoirs d'espagnol. Face à cette accumulation de violences, Ségolène Royal a pris des mesures d'urgence: un numéro vert a été mis en place pour 'briser la loi du silence' et permettre aux élèves de trouver 'une écoute'! Les profs, eux, n'auront qu'à prendre des cours de judo …*
>
> Sources: 'Marianne' 24 au 30 janvier 2000

1 Qu'est-ce-que des élèves du lycée professionnel de Longwy ont fait pendant plusieurs mois? (3 points)

2 Qu'est-ce-que le collège Sévigné a commencé à faire depuis une semaine? Pourquoi? (3 points)

3 Qui a fait grève à Montpellier? (1 point)

4 Que s'est – il passé près de Montpellier? (2 points)

5 Pourquoi est-ce-qu'une lycéenne a déposé plainte à Toulouse? (2 points)

6 Nommez les trois actes de violences de Nice, Bondy et Mantes-la-Jolie.
   Nice (2 points)
   Bondy (2 points)
   Mantes-la-Jolie (2 points)

7 Qu'est-ce-que Ségolène Royal a décidé de faire face à cette violence? (2 points)

8 Est-ce-que les profs recevront de l'aide? (1 point)

Passage 2

Lisez l'article 'crime raciste: procés en vue'.

Répondez aux questions en anglais.

> *Le parquet de Paris a pris le 9 juin des réquisitions à l'encontre des quatre skin-heads accusés d'avoir participé au meurtre de Brahim Bouraam. Ce jeune Marocain s'était noyé dans la Seine, où ces sympathisants du Front National l'avaient poussé lors du défilé du parti de Jean-Marie Le Pen, le premier mai 1995.*
>
> *Huit mois se sont écoulés depuis la clôture de l'instruction du juge Jean-Paul Valat. Il y a une quinzaine de jours, Monsieur Michel Tubiana, avocat de la famille, avait écrit au juge pour l'inviter à renvoyer sans plus tarder les prévenus devant une juridiction.*
>
> *Finalement, le procureur de Paris a décidé de demander le renvoi pour 'meurtre' de Michaël Fréminet, 19 ans au moment des faits, devant les assises. Pour le procureur, ses trois complices, eux, doivent être jugés pour 'non-assistance à personne en danger'.*
>
> *Sources: 'Le Point' 21 juin 1997*

1 What happened on the 9th of June and who exactly was involved? (4 points)

2 How did Brahim Bouraam die? (1 point)

3 In which circumstances did the murder happen? (4 points)

4 Have the accused all been tried for murder? (1 point)

5 For three of them, what was the verdict? (2 points)

Answers on page 91

Have you improved: Answers

Listening skills

Ecoutez l'extrait numéro 1 du CD et décidez si les déclarations suivantes sont vraies ou fausses.

'Le procès des parents'

Look at the key words or sentences (underlined) which should have helped you to obtain the correct answers. Refer to the transcript

1 V   ils ont déclenché une <u>polémique</u>
2 F   contraindre les parents à venir au <u>commissariat</u>
3 V   <u>l'objectif</u>: remédier à la négligence de certaines familles
4 V   <u>rebelles</u> de plus en plus jeunes à l'autorité
5 V   on voit des enfants de 11-12 ans, qui <u>ne semblent avoir peur de rien</u>
6 F   se révoltent contre <u>leur mère</u>
7 F   <u>il n'y a pas un ministère qui ait inscrit à son programme une clause expliquant qu'il faut responsabiliser les parents</u>
8 V   <u>supprimer</u> les allocations familiales aux parents
9 V   le sentiment d'impuissance de ces parents auxquels leurs enfants jettent au visage qu'<u>ils ne sont bons   à rien</u>
10 F   développer la préparation <u>au métier</u> de parent

Grammar: the present tense

1 évitent 2 vivent 3 finissent 4 sortent, partent 5 peut, doit 6 changeons, avançons 7 jette, espére
8 envoies 9 essayons 10 faisons, courent

Reading skills

Lisez le texte suivant et remplacez les blancs (le résumé du texte) avec les mots ci-dessous.

'Parlons sucre, parlons vrai!'

When you have to fill in gaps in a text, you should study the words around the gap.

1   p) ils mangent – after a person, a verb is usually needed
2   q) ils aiment manger sainement – adverb
3   a) le plaisir – an article needs to be followed by a noun, in this case a masculine noun
4   s) de base
5   m) le pain – refer to answer number 3
6   l) les produits … sont très importants – this word had to define the words les produits – it had to be an adjective.
7   k) on ne devrait pas les négliger – an infinitive is often needed after a direct pronoun and after the verb devoir
8   h) un bienfait – un + a masculine noun
9   l) notre culture – notre should also be followed by a noun, masculine or feminine
10 t) il est impératif de le consommer – il est impératif de + infinitive
11 o) dans la cuisine – la + feminine noun
12 n) il est impossible de se passer – il est impossible de + infinitive
13 c) il rappelle – refer to answer number 1
14 e) comment peut-on remplacer – pouvoir (devoir) is often followed by an infinitive

15 f) qui n'ont pas de goût – avoir du goût / ne pas avoir de goût

16 b) il n'existe rien de mieux

17 d) cet élément est mauvais – mauvais is an adjective which defines the noun 'élément'

18 r) en petites quantités – the adjective 'petites' needs a noun which has to agree with it

19 j) de s'en priver – se priver de (quelque chose)

20 g) la qualité – refer to answer number 11

Grammar: the perfect tense

Here is an example of a story you could have written about your weekend.

Samedi dernier, je me suis levé(e) assez tôt et après avoir téléphoné à mon amie, nous sommes allé(e)s en ville. Nous avons mangé dans un restaurant chic. Après le repas, nous sommes parti(e)s en direction du parc où nous nous sommes promené(e)s. Je suis tombé(e) sur mon professeur de français (tomber sur une personne = to bump into someone). J'ai joué au football avec lui. Mon ami(e) m'a attendu(e). Finalement, nous avons fini de jouer et nous sommes tous les trois entrés dans un café.

Summary skills

'La Bataille de Quartier'

Here is an example of the kind of summary you could have written.

This extract is an interview with French people about a drop-in centre for drug addicts. Neighbours and centre users give their different opinions on this centre. (This is your introduction.)

The purpose of opening this centre is to welcome and help drug users as well as homeless people.

Its workers are professional people who work as a team to help drug users to stop using drugs and also to support them in their fight against certain diseases. (This is the point on 'its workers'.)

They welcome up to 20 of them a day. (This is an important detail.)

People in need of the centre find the workers very helpful and dedicated. It is also a place where they can clean up. (This is the point on 'its users'.)

Unfortunately, the neighbours were totally against the opening of the centre as they believe that it is rather dangerous, being close to children and eventually attracting drug dealers. (Two important details.)

They are very angry as they also fear for the value of their property. Consequently, they have decided to have their say by going on strike every week. (This is 'their opinion on the centre and their behaviour'.)

It seems that the centre does not have a good future ahead. (Short conclusion.)

Grammar: the imperfect tense

a) faisait b) prenais c) descendait d) écrivaient e) finissais f) étions g) venait h) buvions, habitiez i) allaient

Writing skills

Répondez à Sylvain Bonnet et donnez votre opinion en tant que professeur sur les changements qui devraient être effectués dans le système éducatif français.

Here is an example of the kind of letter you could have written to Sylvain.

Cher Sylvain,

J'ai lu votre livre 'Prof' dans lequel vous avez décrit votre expérience professionnelle en tant qu'enseignant et dans lequel vous donnez vos solutions pour une meilleure éducation.

(This is your introduction.)

Je vous écris pour vous donner mon opinion et aussi mon soutien.

(Here you explain why you have decided to write.)

Je suis professeur de français dans un collège et je suis très inquiet(e) de voir le niveau académique si bas des jeunes 11, 12 ans.

(Here you introduce yourself.)

Ils entrent en 6ème et ils ne savent ni lire ni écrire. En fait, ils ont déjà échoué avant de commencer.

(These are the problems that they face.)

Il est certain que le gouvernement, particulièrement le ministère de l'éducation, est responsable de cet échec. En effet, ils demandent aux professeurs d'enseigner des programmes qui sont bien trop chargés. Par conséquent, les élèves doivent apprendre par coeur, sans réfléchir. Aussi, les parents sont trop occupés et ne passent pas assez de temps avec leurs enfants.

(These are the people responsible.)

Pour réussir, les jeunes doivent être encouragés et écoutés mais ils doivent aussi obeir. Il est nécessaire d'avoir une éducation traditionnelle mais ouverte. Les colles par exemple devraient faire partie des sanctions mais les rapports entre professeurs et élèves devraient être plus proches.

(These are the changes which should be made, in your opinion.)

Pour le moment, le système français est bien trop rigide et certainement, n'aide pas les jeunes défavorisés.

(This is the last point to be covered and also the conclusion.)

Grammar: future and conditional tenses

1 partirais, conditional
2 partirons, future
3 descendrai, future
4 aimerais, conditional
5 aimeriez, conditional
6 finirais, conditional
7 arrêteras, future
8 viendront, future
9 viendraient, conditional
10 vivrais, conditional

Translating

Traduisez à partir de 'Le Mondial 98' jusqu'à 'ballon rond' et à partir de 'En janvier dernier' jusqu'à 'entre filles'.

The 1998 world cup unleashes passions: advertising companies, the media, Internet sites, theatres and restaurants all try to compete in order to attract those who are 'allergic' to football. In the first line of fire of course are women, housewives under the age of fifty, who have become the favourite target of the advertisers. Indeed, surveys are clear on the kind of relationship that exists between football and the female gender. More than 70% of French women have been questioned in various studies these last months and confirmed that they had no intention of watching the world cup. So, if one wants to sell would it be better to target the world cup 'recalcitrant' rather than the lovers of the 'beautiful game'.

Last January, a survey questioned these ladies on what they envisage doing while their husband is on the family sofa with a beer in his hand. Some 11% of them opted for a 'Chippendales night'. They have been heard! With the slogan 'hens rebel', the Californian Dream Boys invite the supporters' female companions to a charming girls' night out.

Grammar: the present participle

Sans 'en'

1 regardant 2 mangeant 3 ayant 4 voulant 5 étant

Avec 'en'

6 allant 7 étudiant 8 écrivant 9 buvant 10 lisant

Speaking skills

'ESB Un animal malade découvert dans un abattoir breton'

'DES VACHES FOLLES DÉJOUENT LA SURVEILLANCE'

Here is an example of the kind of role-play you could have conducted.

1 De quoi s'agit-il?

Cette photo évoque la crise récente (en fin 1999) de la vache folle et du boeuf contaminé en France.

2 Quel est le problème avec cette vache?

Apparemment, cette vache, qui a été découverte en Bretagne, est malade mais elle n'a pas été contrôlée légalement. En effet, en fin 1999, la France a expliqué que les vaches devraient être contrôlées pour s'assurer qu'elles ne contiennent pas le virus et par conséquent, la maladie de la vache folle. Pour cela, un vétérinaire doit faire un test sur chaque vache douteuse et il doit délivré un certificat attestant du problème. La vache de la photo a échappé à ce contrôle mais comment? Par négligence?

3 A votre avis, est-ce-que les précautions prises avec les vaches françaises sont exagérées?

Je pense que ces précautions sont justifiées. La presse a dit que les agriculteurs en France nourrissaient leur bétail avec des égouts, donc il n'est pas étonnant que des précautions aient été prises.

4 Quelles sont les solutions pour ne plus attraper de maladies à cause de la nourriture?

Personnellement, je suis végétarienne, donc manger des légumes et des fruits est la chose la plus saine. Il faut arrêter de consommer de la viande ou si on la consomme, c'est mieux de bien la cuire. La viande rouge, saignante est dangereuse.

5 Est-ce-que les français mangent plus sainement que les Anglais?

Ils mangent différemment. Les Français adorent manger et les repas en famille sont très importants, mais peu à peu, ils deviennent comme les Anglais: ils aiment aussi le 'fast-food'. Il existe des MacDonalds partout en France.

Grammar: direct and indirect speech

1 Il dit à ses étudiants de regarder la carte (qu'ils regardent la carte).

2 Nous demandons à nos voisins s'ils peuvent nous aider.

3 Je demande à mon amie ce qu'elle fait ce soir.

4 Tu demandes au professeur pourquoi il t'a donné une mauvaise note.

5 Vous lui avez demandé s'il/si elle était prêt(e).

6 Je demandais ce que vous feriez si vous gagniez au loto.

7 Il a demandé si je viendrais le voir.

8 Elle a déclaré qu'elle avait quitté son travail.

9 Je lui ai dit qu'elle/il jouait bien au tennis avant.

10 Nous pensions que c'était dômmage.

Listening: questions and answers in French

'Les TGV du soleil'

Ecoutez l'extrait numéro 3 du CD sur les transports et le tourisme, puis répondez aux questions en français.

Answers	key words/phrases in the listening extract
1 une chaîne d'hôtels	les hôtels Frantours de la côte méditerranéenne
2 améliorer la rentabilité	l'an dernier, JB cherchait tous les moyens susceptibles d'améliorer la rentabilité
3 ex-patron de la SNCF	Ex-patron des grandes lignes à la SNCF
4 le TGV	il a eu l'idée d'affréter un TGV spécial au départ de Bruxelles
5 oui	succés immédiat
6 demi-pension/voyage/excursion	à 2550 francs la semaine en demi-pension, voyage et excursion compris
7 2550 Francs	as above
8 retraités et préretraités	retraités et préretraités belges se sont rués sur l'offre
9 oui	l'expérience a été renouvelée à cinq reprises …avec une égale réussite
10 le TGV du soleil	(see title) elle va commercialiser par la voie des ondes les deux prochains 'TGV du soleil'
11 tourisme ferroviaire	renouveau du tourisme ferroviaire
12 l'Est et la Grande-Bretagne	l'ouverture des frontières à l'Est provoque un renouveau du tourisme ferroviaire. L'avènement de l'Eurostar a fait exploser le marché transmanche du 'train et hôtel'.

Grammar: introduction to the subjunctive mood

1 sortions 2 parte 3 ailles 4 venions 5 écoutent 6 soyez 7 sachions 8 soit 9 écrives 10 aies

Listening: summary in French

'Erika: Qui va payer les dégâts?'

Ecoutez l'extrait numéro 4 du CD sur des dégâts provoqués par la pollution récemment en France.

1   Ecrivez dans les cases les informations nécessaires en français.

a) la forme de pollution mazout ou pétrole b) la région touchée par le désastre Bretagne du Nord c) les 2 responsables principaux: famille Napolitaine, compagnie pétrolière Totalfina d) le transport mis en cause et son nom un navire: Erika e) le nom donné à la mer après avoir été polluée par le pétrole de la marée noire f) comment s'est produit l'accident de trafic clandestin (illégal) dans la mer Adriatique g) l'offre de Totalfina: payer 1.2 milliards de francs pour rembourser les préjudices économiques et les frais de lutte contre la pollution h) le secteur principalement touché par le désastre le tourisme

Key words/phrases from the listening extract:

a) ils se battent contre le mazout de l'Erika

b) sous le sable et les rochers de granit gris des côtes de la Bretagne nord, des couches de pétrole refont surface

c) une famille napolitaine soupçonnée. Qui va payer: l'affréteur Totalfina a déjà consenti un effort de …

d) l'Erika (title). l'armateur est responsable des dégâts. Un armateur arme ou équipe un navire.

e) leurs enfants souffriront des stigmates de cette marée noire

f) soupçonnée de se livrer au trafic clandestin dans la mer Adriatique

g) Qui va payer? Totalfina … consenti un effort de 1.2 milliards de francs

h) conséquences touristiques négatives

Grammar: the relative pronoun

1 que 2 qui 3 que 4 dont (parler de.) 5 où 6 dont (avoir envie de) 7 où 8 que 9 qui 10 que

Reading: les médias

'Télévision sur Internet: La souris pour télécommande'

Lisez l'article et trouvez les phrases ou expressions correspondantes à celles du test.

1 elle est uniquement diffusée sur Internet
2 des programmes thèmatiques
3 visible à la demande
4 l'ensemble des chaînes attirent 200 000 spectateurs
5 le nombre restreint des journaux de la presse généraliste
6 touchent des univers aussi variés que la gastronomie … ou encore le bridge
7 la diffusion de télévision sur le réseau a été rendue possible par …
8 permet de visionner images et sons
9 en continu
10 montre que la télévision sur le réseau est prise très au sérieux

Grammar: the passive voice

Mettez les phrases suivantes à la forme passive.

1 La lettre a été délivrée à temps par le facteur.
2 Un bon résultat sera obtenu par l'étudiant.
3 Deux jours plus tôt, le bandit avait été arrêté par la police.
4 La moto sera réparée pour demain.
5 Toutes ses affaires auraient été vendues s'il avait pu.

Mettez les phrases suivantes à la forme active.

6 On mange toujours les desserts rapidement.
7 Le professeur a donné les devoirs.
8 On distribuera la lettre à tout le monde
9 Cet homme aurait acheté cette voiture.
10 La pluie l'avait complètement trempée.

Listening: gap-filling exercise

'Le Pen: appel à la "résistance nationale"'

Ecoutez l'extrait numéro 5 du CD sur le racisme, puis complétez chaque blanc dans le résumé suivant avec un mot ou une expression qui montre que vous avez bien compris l'enregistrement.

1 tuée or assassinée (extract: Françoise Combier, assassinée le 31 octobre)
2 immigré or ressortissant (extract: par un ressortissant Algérien)
3 violer (extract: tenté de la violer)
4 crime
5 excuse (extract: pour JM Le Pen, cette douloureuse histoire a figure de symbole)
6 immigration
7 sud (extract: dans la cité Vauclusienne – le Vaucluse est une région sud de la France)
8 organisé (extract: la manifestation nationale du Front National qui a été organisée)
9 manifestation (as above)
10 date (extract: quant au choix de la date: le 11 novembre)
11 représente (extract: faire un parallèle entre)
12 guerre (extract: les morts de toutes les guerres)
13 maghrébine (extract: morte au champs d'honneur de l'invasion maghrébine)
14 référence (extract: l'allusion est évidente)
15 ancienne (cité qui était en son temps)

Grammar: direct and indirect object pronouns

1 Je lui offre un bouquet de fleurs.
2 Il leur a téléphoné.
3 Les étudiants l'ont admiré.
4 J'en viens.
5 Nous en avons honte.
6 J'y pense.
7 Elle va les consulter.
8 J'en ai discuté.
9 Il l'a bien observée.
10 Vous en avez acheté dix.

Listening: completing sentences

'Le Festival de Luchon: le palmarès de la passion'

Ecoutez l'extrait numéro 6 du CD et complétez les phrases 1 à 12 en choisissant entre les phrases A à O. Ecrivez la lettre de la phrase choisie dans les cases ci-dessous. Attention, il y a plus de lettres que de numéros!

Réponses

1) C 2) G 3) A 4) F 5) M 6) B 7) I 8) D 9) K 10) O 11) J 12) N

Grammar: adjectives and adverbs

1 étonnamment 2 intelligemment 3 formidablement 4 également 5 puissamment 6 anciennement

7 vraiment 8 merveilleusement 9 énormémemt 10 évidemment

Listening: true and false exercise

'La galère des jeunes diplômés'

Ecoutez l'extrait numéro 7 du CD sur le chômage et les jeunes en France. Indiquez si les phrases suivantes sont vraies ou fausses selon le passage, en cochant la bonne case.

a) faux b) vrai c) faux d) vrai e) vrai f) faux g) faux h) vrai

Here are the correct answers to a), c), f) and g):

a) 65% d'entre eux ont trouvé du travail un an après leur diplôme

c) 19% travaillent dans le public

f) ces emplois précaires ouvrent rarement la porte à un poste stable

g) 43% des jeunes diplômés ont une rémunération inférieure à 8500 francs par mois

Grammar: the imperative

Ecrivez l'impératif.

1 Descendez l'escalier.

2 Pars directement.

3 Choisissons un menu.

4 Prends la voiture.

5 Ayons le choix.

Changez les phrases positives en phrases négatives.

6 Ne me regarde pas.

7 N'y va pas.

8 N'en finissons pas.

9 Ne les oubliez pas.

10 Ne te soigne pas.

Exam Practice: Answers

Passage 1

1　Ils ont torturé (1), racketté (1) un de leurs camarades (1).

2　La grève (1) pour lutter contre la violence (1) et pour réclamer des postes de surveillants (1).

3　Les parents (1).

4　Le principal d'un collège (1) s'est fait agresser (1).

5　Elle a été violée (1) dans les toilettes du lycée (1).

6　Nice: un conseiller d'orientation s'est fait attaquer (1) par une personne extérieure (1).
　Bondy: un élève a jeté dans le hall (1) un coktail Molotov (1).
　Mantes-la-Jolie: 3 élèves de 3e (1) ont jeté un petit de 6e du haut d'un escalier (1).

7　Un numéro vert a été (1) mis en place pour les victimes (1).

8　Non (1).

Note: keep in mind that you should be writing your own words/sentences in your answers. These answers only represent the exact words of the article for guidance.

Passage 2

1　Four skinheads (1) appeared in court (1) for the murder (1) of a young Moroccan (1), Brahim Bouraam.

2　He drowned (1).

3　The 4 murderers, in connection with the National Front (1) were participating in a (1) demonstration led by Le Pen on the 1st May (1) when they pushed him.

4　No (1).

5　Failure (1) to render assistance (1).

Listening Transcripts

Passage 1

Le procès des parents

Pour obliger les parents à s'occuper de leurs enfants, quatre politiciens ont imposé un 'couvre feu' aux moins de 12 ans. Et déclenché une belle polémique. L'idée est de contraindre les parents à venir au commissariat récupérer leur progéniture ou ramener les enfants à la maison. L'objectif est le même: créer un électrochoc et tenter de remédier à la négligence de certaines familles. Si les hommes politiques se sont violemment affrontés sur ces mesures, tous s'accordent en fait pour admettre que bien des parents ne peuvent plus contrôler leurs enfants, rebelles de plus en plus jeunes à l'autorité.

Louis Dubouchet, sociologue à Aix-en-Provence constate: 'Les enfants sont livrés de plus en plus à eux-mêmes. Depuis trois, quatre ans, on voit des enfants de 11–12 ans qui se révoltent ouvertement contre leur mère, et ne semblent avoir peur de rien. Depuis trois ans également, il n'y a pas un ministère qui ait inscrit à son programme une clause expliquant qu'il faut responsabiliser les parents.'

Une inertie qui irrite le député et maire de Chanteloup-les-Vignes, Pierre Cardo, bien décidé à renouveler sa proposition de 1993, de supprimer les allocations familiales aux parents d'enfants délinquants: 'Les allocations familiales supposent un contrat éducatif passé avec la famille. Ce ne sont pas les enfants qu'il faut sanctionner, mais les parents. Les allocations ainsi suspendues, seraient placées sur un compte réservé jusqu'à la majorité de l'enfant. Avec l'insouciance de certains parents, il faut réagir.'

Louis Dubouchet analyse: 'On a renforcé le sentiment d'impuissance de ces parents auxquels leurs enfants jettent au visage qu'ils ne sont bons à rien. Les policiers eux-mêmes ne disent plus aux enfants "Je vais le dire à ton père", mais "Je vais le dire au juge". Tout est un symbole!'

Sanctionner économiquement les parents, c'est une manière de les enfoncer. La vérité, c'est qu'on n'a pas sérieusement réfléchi pour trouver un bon instrument d'exigence pour parents négligents.

Pour lutter contre ce manque de responsabilité des parents démunis, l'association l'Ecole des parents a tenté des expériences de soutien. 'A Dieppe, par exemple, des familles en précarité, qui se sentaient perdues, réclamaient qu'on place leurs enfants', raconte son directeur, Gérard Lorentz. 'Accompagnées, écoutées et reconnues, elles ont repris confiance en elles et n'ont plus demandé que l'on se substitue à elles. Ce qu'il faudrait, c'est développer la préparation au métier de parent.'

Le Point, 26 juillet 1997

Passage 2

Bataille de quartier

Un quartier tranquille au nord-est de Paris s'est transformé depuis six mois en champs de bataille: un centre d'accueil et de soins pour les toxicomanes vient de s'y installer. Des banderoles sur les immeubles voisins expriment le soutien ou la colère que l'ouverture l'Espace Beau Repère a suscités. Mais l'équipe qui accueille au centre une vingtaine de toxicomanes par jour est soutenue par une dynamique association du quartier. Au centre, j'ai parlé à Azou, toxicomane (25 ans), Malika responsable du centre, Miloud infirmier, et Françoise, au stand de protestation.

Journaliste: Quel est l'objet du centre?

Malika: Recevoir des usagers de drogues pour lutter contre l'épidémie sida et hépatite, rompre l'isolement dans lequel ils tombent, l'état de souffrance physique et psychologique et favoriser l'accés aux soins. La personne vient, boit un café, prend une douche, laisse le temps passer, et puis au bout d'un jour, ou deux mois, ou six mois, elle dit 'j'aimerais rentrer dans un programme méthadone', ou 'je voudrais faire un sevrage'.

Journaliste: Qui sont les protestataires?

Miloud: Surtout des propriétaires d'immeubles qui craignent pour la valeur de leur appartement.

Malika: Ça devient le combat de leur vie … Ils ont peur du 'danger' que pose le centre, mais pour l'instant, ce sont eux qui sont dangereux.

Journaliste: Quel effet ont-ils sur les usagers?

Malika: C'est violent. Imaginez, quand l'usager voit et entend ces gens hostiles, il peut dire: 'A quoi bon, je vais me faire un shoot'.

Journaliste: Et l'avenir du centre?

Miloud: Quelquefois on a des doutes. Mais quand je vois l'équipe et le travail qui a été fait, je me dis que ce n'est pas possible qu'un centre pareil soit fermé.

Journaliste: Que fais-tu ici?

Azou: Je suis sans domicile fixe et je suis un ancien toxicomane. Je viens prendre ma douche, laver mes habits et me changer.

Journaliste: Comment es-tu devenu toxico?

Azou: Tu peux trouver une mauvaise fréquentation ou être curieux. Tu goûtes et c'est plus fort que toi. Personne n'est à l'abri de ça!

Journaliste: Que penses-tu du centre?

Azou: L'équipe est très professionnelle. Ça fait que deux semaines que je viens, mais les chose avancent bien et je trouve ça super.

Journaliste: Et ton avenir?

Azou: Il faudra avoir beaucoup de courage et de patience.

Journaliste: Pourquoi protestez vous?

Françoise: On est persuadé que le centre peut nuire à notre quartier. Nous sommes pour soigner les drogués mais contre la façon dont on les accueille ici.

Journaliste: Pourquoi?

Françoise: Le centre est à proximité de 2500 élèves. Automatiquement, il y aura des dealers.

Journaliste: Que faites-vous pour fermer le centre?

Françoise: Nous allons à la mairie manifester tous les samedis et nous bloquons le quartier tous les lundis matins. Nous occupons aussi le stand devant le centre depuis son ouverture. On restera le temps qu'il faudra, des années s'il le faut.

The Guardian, 3 novembre 1998

Passage 3

Les TGV du soleil

Les Belges, c'est connu, aiment le soleil. Les hôtels Frantour de la côte méditerranéenne avaient besoin, eux, de faire le plein à la morte-saison. Ce simple constat a donné naissance à un 'best-seller' touristique, les 'TGV du soleil'. Un véritable filon découvert, en toute logique, par le tour-opérateur de la SNCF.

L'an dernier, Jacques Berducou, le président de Frantour, cherchait tous les moyens susceptibles d'améliorer la rentabilité de son groupe après deux exercices déficitaires. Ex-patron des grandes lignes à la SNCF, il a eu l'idée d'affréter un TGV spécial au départ de Bruxelles pour remplir, en période creuse, ses deux hôtels-clubs de Sainte-Maxime et Saint-Raphaël, dans le Var. Succès immédiat: la première rame à grande vitesse (300 passagers) a été commercialisée en quelques jours. A 2550 francs la semaine en demi-pension, voyage et excursion compris, retraités et préretraités belges se sont rués sur l'offre. Depuis, l'expérience a été renouvelée à cinq reprises, dont une fois au départ de Luxembourg, avec une égale réussite. La Radio-Télévision belge (RTB) a voulu s'embarquer comme partenaire dans l'opération. Elle va commercialiser par la voie des ondes les deux prochains 'TGV du soleil'. Et monter des émissions dans les hôtels Frantour auxquelles les vacanciers du 3ème âge pourront participer en direct.

Grâce à ces initiatives, le taux d'occupation de l'hôtellerie Frantour a progressé de dix points au cours des six premiers mois de l'année. 'Le développement du réseau à grande vitesse et l'ouverture des frontières à l'Est provoquent, en fait, un renouveau du tourisme ferroviaire', constate Olivier

Marembaud, directeur général de Frantour. Prague, Saint-Pétersbourg sont les destinations qui montent, aux côtés des valeurs sûres comme Venise ou Vienne. L'avènement de l'Eurostar a fait exploser le marché transmanche du 'train + hôtel': 20000 clients en 1996.

Une tendance qui conforte le projet des dirigeants de Frantour d'ouvrir leur capital à d'autres opérateurs ferroviaires européens.

Le Point, 19 juillet 1997

Passage 4

Erika: Qui va payer les dégats?

Ils ont une trentaine d'années. Jeunes, à peine au collège, à Saint-Brieuc ou à Morlaix, ils allaient lutter contre le goudron de l'Amoco Cadiz. Aujourd'hui, ils se battent contre le mazout de l'Erika. Leurs enfants souffriront des stigmates de cette marée noire. Plus de vingt ans après, sous le sable et les rochers de granit gris des côtes de la Bretagne nord, des couches de pétrole refont surface. Les agriculteurs du littoral le savent bien quand ils voient des flaques d'eau contenant de l'huile grasse, comme si un automobiliste inconscient avait vidangé sa voiture au milieu de leurs prés. Au moins ont-ils été indemnisés. Maladroitement, insuffisamment, beaucoup trop tard …

Les victimes de l'Erika ont peu de chance de l'être un jour. Juridiquement, l'armateur est responsable des dégâts causés par une marée noire. On sait aujourd'hui que derrière la PanShip, la société de gestion du bâtiment, se cachent les Savarese, une famille napolitaine soupçonnée de se livrer au trafic clandestin dans la mer Adriatique. Les communes touchées, les côtes ravagées, l'industrie du tourisme minée, auront des difficultés à se retourner contre ce pollueur.

Qui va payer? L'affréteur TotalFina a déjà consenti un effort de 1,2 milliards de francs pour un fond qui sera prioritairement consacré au remboursement des préjudices économiques et des frais de lutte contre la pollution. Bel effort, mais personne ne dispose à l'heure actuelle, d'un bilan global de la catastrophe (dégâts matériels, main d'oeuvre mobilisée, conséquences touristiques négatives). La compagnie pétrolière se défend juridiquement: l'Erika, dit-elle, avait été contrôlée par ses soins. Oubliant que ce 'contrôle' n'a de valeur qu'en interne et ne donne certainement pas le pouvoir de faire mettre un navire au sec, ce qu'il aurait fallu faire pour repérer la rouille responsable de l'accident. Seule, la société italienne avait le droit et surtout le devoir de le faire. Elle ne la pas fait. Les Savarese n'aiment pas qu'on mette le nez dans leurs affaires.

Le Figaro magazine, 19 janvier 2000

Passage 5

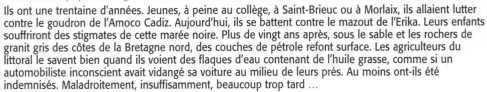

Le Pen: appel à la 'résistance nationale'

A Avignon, le président du Front National a fait très fort à propos de l'immigration en parlant de 'ce redoutable danger que représentent ceux qui nous envahissent avec la complicité du gouvernement'.

De notre envoyé spécial Laurent Chaffard

'Morte pour défendre son honneur de femme et de française … martyre de l'immigration sauvage … c'est une héroïne moderne qui rejoint au Panthéon toutes celles qui sont mortes pour nous.' C'est par ces mots que Jean Marie Le Pen a rendu hommage, samedi à Avignon, à Françoise Combier, 44 ans, assassinée le 31 octobre dernier par un ressortissant Algérien, qui avait dans un premier temps, tenté de la violer.

Mais pour Jean-Marie Le Pen, cette douloureuse affaire a figure de symbole. Pour cela, la manifestation nationale du Front National qui a été organisée, ce week-end, dans la cité vauclusienne l'a été pour apparaitre exemplaire. D'une part, quant au choix de la date, le 11 novembre, qui a permis au leader d'extrême droite de faire un parallèle entre les morts de toutes les guerres que la France commémore ce jour-là, et la mort de Françoise Combier, 'quand elle est tombée, c'est toutes les femmes de France qu'elle représentait'; bref, morte au champ d'honneur de l'invasion maghrébine. Et d'autre part, quant au choix du lieu de la manifestation, Avignon qui est la ville où le crime a été perpétré, mais qui est également la cité des papes, cité qui était en son temps la capitale de la chrétienté. L'allusion est évidente quant à la défense des valeurs traditionnelles et donc chrétiennes, chères au Front National.

Le Quotidien, 13 novembre 1989

Passage 6

Festival de Luchon

Le Palmarés de la passion

Christian Cappe, délégué général du Festival international du film de Luchon, a atteint son objectif: durant cinq jours, du 9 au 13 février, cinéma, télévision, clips musicaux, publicités et courts-métrages se sont cotoyés dans une atmosphère bon enfant, où public (5 000 spectateurs environ) et professionnels (350 acteurs, réalisateurs, producteurs, scénaristes) ont pu se rencontrer et assister aux différentes manifestations.

Le Palmarés de ce Festival, qui avait pour thème 'Amour toujours', reflète bien cet état d'esprit. Le Prix de la meilleure fiction française, remis par le président du jury, Edouard Molinaro, a été attribué à une comédie de moeurs 'Les forces obscures qui nous gouvernent' (M6). Un premier téléfilm d'Olivier Doran avec Smadi Wolfman, Marc Andréoni et Jean-Philippe Ecoffey. Le Prix du public est allé à La Petite Absente de José Pinheiro d'après le scénario de Didier Cohen avec Laetitia Lacroix et Jean-Claude Adelin. Une histoire de passion et de déchirure qui sera diffusée mercredi sur France 2.

Anna en Corse, de Carole Giaccobi, a reçu le prix de 'la plus belle histoire télé' décernée par la presse. 'Pour mon premier téléfilm, c'est un beau baptême', s'est exclamée Romane Bohringer, l'héroïne de l'histoire. Les deux prix d'interprétation, féminin et masculin, sont allés à deux jeunes acteurs d'une fiction de Patrice Martineau, inspirée de Maurice Genevoix, La Loire, Agnés et les garçons. 'Un prix qui va peut-être permettre à ce téléfilm, resté trop longtemps dans les tiroirs, d'être diffusé' a commenté le réalisateur.

A noter, toujours au Palmarés, la victoire de Francis Cabrel dans la catégories clip et de 'Quand la neige fond, où va le blanc?', de Jean-Michel Aubray, pour les courts-métrages.

D'ailleurs l'année prochaine, Christian Cappe compte donner plus de place aux clips musicaux et développer les fictions étrangères.

En clôture du Festival, Takkis Candilis, le directeur de la fiction de TF1, a présenté Bérénice (coproduction Arte) avec Gérard Depardieu, Carole Bouquet et Jacques Weber. Le mois et l'heure de sa diffusion sont encore en discussion à la chaîne.

Le Figaro, 14 février 2000

Passage 7

Le Chômage: La galère des jeunes diplômés

Combien de temps faut-il aujourd'hui à un jeune qui sort diplômé de l'enseignement supérieur pour trouver un emploi?

D'après une enquête réalisée par l'Association pour faciliter l'insertion professionnelle des jeunes diplômés, 65% d'entre eux ont trouvé du travail un an après leur diplôme, et plus de 40% en moins de six mois. L'immense majorité intègre le secteur privé, seuls 19% travaillant pour le public.

Ces chiffres n'invitent pas à pavoiser. Un tiers seulement de ces jeunes bénéficie d'un contrat à durée indéterminée, les autres devant se contenter au mieux d'un contrat à durée déterminée, sinon de missions d'intérim ou d'un emploi subventionné type CES.

Or, toujours d'après cette enquête, ces emplois précaires ouvrent rarement la porte à un poste stable: ceux-ci se dénichent par annonce, candidature spontanée, mais aussi – et surtout? – en utilisant les réseaux relationnels.

Rien à attendre non plus au niveau des salaires. 43% des jeunes diplômés ont une rémunération inférieure à 8 500 francs par mois, 15% d'entre eux étant simplement payés au SMIC. Les moins bien servis sont les moins diplômés: 67% des bacs + 3 sont payés moins de 8 500 francs par mois, contre 10% des diplômés d'écoles. Quand le chômage des jeunes dépasse largement 26%, mieux vaut donc accumuler les diplômes … même si cela n'évite pas les galères.

Le Point, 1 novembre 1997